바로보인

전등록 傳燈錄

10

농선 대원 역저

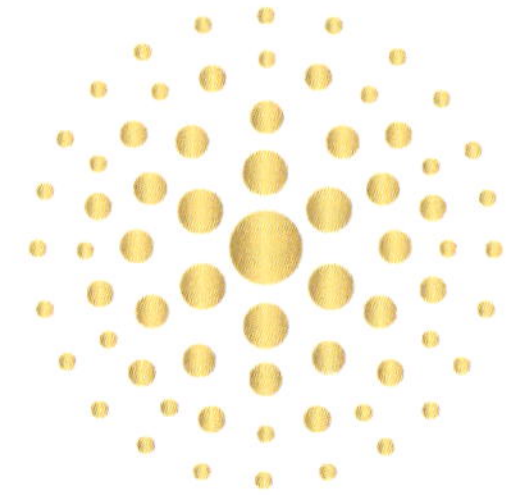

이 원상은 농선 대원 선사님께서 직접 그리신 것으로 모든 불성이 서로 상즉해 공존하는 원리를 담은 것이다.

선 심(禪心)

누리 삼킨 참나를
낙화(落花)로 자각(自覺)
떨어지는 물소리로 웃고 가는 길
돌에서 꽃에서도 님이 맞는다

정맥 선원의 문젠 마크는 농선 대원 선사님께서 마음을 상징하는 달(moon)과 그 마음을 깨달아 마음이 내가 된 삶인 선(zen)을 평화의 상징인 비둘기로 형상화하신 것이다.

교조 석가모니 부처님과
부처님으로부터 직계로 내려온
불조정맥 78대 조사들의
진영과 전법게

불조정맥

불조정맥이란 석가모니 부처님으로부터 현 78대 조사에 이르기까지 스승에게 깨달음의 인증인 인가를 받아 법을 전하라는 부촉을 받은 전법선사의 맥이다. 여기에 실린 불조진영과 전법게는 농선 대원 선사님께서 다년간 수집 정리하여 기도와 관조 끝에 완성하여 수립하신 것이다. 각 선사의 진영과 함께 실린 전법게는 스승으로부터 직접 전해 받은 게송이다. 단, 석가모니 부처님 진영에 실린 게송은 석가모니 부처님의 게송이다.

교조 석가모니 부처님

환화라고 하는 것 근본 없어 생긴 적도 없어서	幻化無因亦無生
모두가 스스로 이러-해서 본다 함도 이러-하네	皆則自然見如是
모든 법도 스스로 화한 남, 아닌 것이 없어서	諸法無非自化生
환화라 하지만 남이 없어 두려워할 것도 없네	幻化無生無所畏

제1조 마하가섭 존자

법이라는 본래 법엔 법이랄 것 없으나	法本法無法
법이랄 것 없다는 법, 그 또한 법이라	無法法亦法
이제 법이랄 것 없음을 전해줌에	今付無法時
법이라는 법인들 그 어찌 법이랴	法法何曾法

제2조 아난다 존자

법이란 법 본래의 법이라	法法本來法
법도 없고 법 아님도 없으니	無法無非法
어떻게 온통인 법 가운데	何於一法中
법 있으며 법 아닌 것 있으랴	有法有非法

제3조 상나화수 존자

본래의 법 전함이 있다 하나	本來付有法
전한 말에 법이랄 것 없다 했네	付了言無法
각자가 스스로 깨달으라	各各須自悟
깨달으면 법 없음도 없다네	悟了無無法

제4조 우바국다 존자

법 아니고 마음도 아니어서	非法亦非心
맘이랄 것, 법이랄 것 없나니	無心亦無法
마음이다, 법이다 설할 때는	說是心法時
그 법은 마음법이 아니로다	是法非心法

제5조 제다가 존자

마음이란 스스로인 본래의 마음이니	心自本來心
본래의 마음에는 법 있는 것 아니로다	本心非有法
본래의 마음 있고 법이란 것 있다 하면	有法有本心
마음도 아니요 본래 법도 아니로다	非心非本法

제6조　미차가 존자

본래의 마음법을 통달하면	通達本心法
법도 없고, 법 아님도 없도다	無法無非法
깨달으면 깨닫기 전과 같아	悟了同未悟
마음이니, 법이니 할 것 없네	無心亦無法

제7조　바수밀 존자

맘이랄 것 없으면 얻음도 없어서	無心無可得
설함에 법이라 이름할 것도 없네	說得不名法
만약에 맘이라 하면 마음 아님 깨달으면	若了心非心
비로소 마음인 마음법 안다 하리	始解心心法

제8조　불타난제 존자

가없는 마음으로	心同虛空界
가없는 법 보이니	示等虛空法
가없음을 증득하면	證得虛空時
옳고 그른 법이 없다	無是無非法

제9조　복타밀다 존자

허공이 안팎 없듯	虛空無內外
마음법도 그러하다	心法亦如此
허공이치 요달하면	若了虛空故
진여이치 통달하네	是達眞如理

제10조　파율습박(협) 존자

진리란 본래에 이름할 수 없으나	眞理本無名
이름에 의하여 진리를 나타내니	因名顯眞理
받아 얻은 진실한 법이라고 하는 것	受得眞實法
진실도 아니요, 거짓도 아니로세	非眞亦非僞

제11조　부나야사 존자

참된 몸 스스로 이러-히 참다우니	眞體自然眞
참됨을 설함으로 인해 진리란 것 있다 하나	因眞說有理
참답게 참된 법을 깨달아 얻으면	領得眞眞法
베풀 것도 없으며 그칠 것도 없다네	無行亦無止

제12조　아나보리(마명) 존자

미혹과 깨침이란 숨음과 드러남 같다 하나	迷悟如隱顯
밝음과 어둠이 서로가 여읠 수 없는 걸세	明暗不相離
이제 숨음이 드러난 법 부촉한다지만	今付隱顯法
하나도 아니요, 둘도 또한 아니로세	非一亦非二

제13조　가비마라 존자

숨었느니 드러났느니 하지만 본래의 법에는	隱顯卽本法
밝음과 어두움이 원래에 둘 아니라	明暗元不二
깨달아 마친 법을 전한다고 하지만	今付悟了法
취함도 아니요, 여읨도 아니로세	非取亦非離

제14조　나가르주나(용수) 존자

숨을 수도, 드러날 수도 없는 법이라 함	非隱非顯法
이것이 참다운 실제를 말함이니	說是眞實際
숨음이 드러난 법 깨달았다 하나	悟此隱顯法
어리석음도 아니요 지혜로움도 아니로다	非愚亦非智

제15조　가나제바 존자

숨었느니 드러났느니 하면 법에 밝다 하랴	爲明隱顯法
밝게 해탈의 이치를 설하려면	方說解脫理
저 법에 증득한 바도 없는 마음이어야 하니	於法心不證
성낼 것도 없으며 기쁠 것도 없다네	無嗔亦無喜

제16조 라후라타 존자

본래에 법을 전할 사람 대해 本對傳法人
해탈의 진리를 설하나 爲說解脫理
법엔 실로 증득한 바 없어서 於法實無證
마침도 비롯함도 없느니라 無終亦無始

제17조 승가난제 존자

법에는 진실로 증득한 바 없어서 於法實無證
취함도 없으며 여읨도 없느니라 不取亦不離
법에는 있다거나 없다는 상도 없거늘 法非有無相
안이니 밖이니 어떻게 일으키리 內外云何起

제18조 가야사다 존자

맘 바탕엔 본래에 남 없거늘 心地本無生
바탕의 인, 연을 좇아 일으키나 因地從緣起
연과 종자 서로가 방해 없어 緣種不相妨
꽃과 열매 그 또한 그러하네 華果亦復爾

제19조 구마라다 존자

마음의 바탕에 지닌 종자 있음에 有種有心地
인과 연이 능히 싹 나게 하지만 因緣能發萌
저 연에 서로가 걸림이 없어서 於緣不相礙
마땅히 난다 해도 남이 남 아니로세 當生生不生

제20조 사야다 존자

성품에는 본래에 남 없건만 性上本無生
구하는 사람 대해 설할 뿐 爲對求人說
법에는 얻은 바 없거늘 於法既無得
어찌 깨닫고, 깨닫지 못함을 둘 것인가 何懷決不決

제21조 바수반두 존자

말 떨어지자마자 무생에 계합하면	言下合無生
저 법계와 성품이 함께 하리니	同於法界性
만일 능히 이와 같이 깨친다면	若能如是解
궁극의 이변 사변 통달하리	通達事理竟

제22조 마노라 존자

물거품과 환 같아 걸릴 것도 없거늘	泡幻同無礙
어찌하여 깨달아 마치지 못했다 하는가	如何不了悟
그 가운데 있는 법을 통달하면	達法在其中
지금도 아니요, 옛 또한 아니니라	非今亦非古

제23조 학륵나 존자

마음이 만 경계를 따라서 구르나	心隨萬境轉
구르는 곳마다 실로 능히 그윽함에	轉處實能幽
성품을 깨달아서 흐름을 따르면	隨流認得性
기쁠 것도 없으며 근심할 것도 없네	無喜亦無憂

제24조 사자보리 존자

마음의 성품을 깨달음에	認得心性時
사의할 수 없다고 말하나니	可說不思議
깨달아 마쳐서는 얻음 없어	了了無可得
깨달아선 깨달았다 할 것 없네	得時不說知

제25조 바사사다 존자

깨달음의 지혜를 바르게 설할 때에	正說知見時
깨달음의 지혜란 이 마음에 갖춘 바라	知見俱是心
지금의 마음이 곧 깨달음의 지혜요	當心卽知見
깨달음의 지혜가 곧 지금의 함일세	知見卽于今

제26조 불여밀다 존자

성인이 말하는 지견은 聖人說知見
경계를 맞아서 시비 없네 當境無是非
나 이제 참성품 깨달음에 我今悟眞性
도랄 것도, 이치랄 것도 없네 無道亦無理

제27조 반야다라 존자

맘 바탕에 참성품 갖췄으나 眞性心地藏
머리도, 꼬리도 없으니 無頭亦無尾
인연 응해 만물을 교화함을 應緣而化物
지혜라고 하는 것도 방편일세 方便呼爲智

제28조 보리달마 존자

마음에서 모든 종자 냄이여 心地生諸種
일(事)로 인해 다시 이치 나느니라 因事復生理
두렷이 보리과가 원만하니 果滿菩提圓
세계를 일으키는 꽃 피우리 華開世界起

제29조 신광 혜가 대사

내가 본래 이 땅에 온 것은 吾本來此土
법을 전해 중생을 구함일세 傳法救迷情
한 송이에 다섯 꽃잎 피리니 一花開五葉
열매 맺음 자연히 이뤄지리 結果自然成

제30조 감지 승찬 대사

본래의 바탕에 연 있으면 本來緣有地
바탕의 인에서 종자 나서 꽃핀다 하나 因地種華生
본래엔 종자가 있은 적도 없어서 本來無有種
꽃핀 적도 없으며 난 적도 없다네 華亦不曾生

제31조 대의 도신 대사

꽃과 종자 바탕으로 인하니 華種雖因地
바탕을 좇아서 종자와 꽃을 내나 從地種華生
만약에 사람이 종자 내림 없으면 若無人下種
남 없어 바탕에 꽃핀 적도 없다 하리 華地盡無生

제32조 대만 홍인 대사

꽃과 종자 성품에서 남이라 華種有生性
바탕으로 인해서 나고 꽃피우니 因地華生生
큰 연과 성품이 일치하면 大緣與性合
그 남은 나도 남 아니로세 當生生不生

제33조 대감 혜능 대사

정 있어 종자를 내림에 有情來下種
바탕 인해 결과 내어 영위하나 因地果還生
정이랄 것도 없고 종자랄 것도 없어서 無情旣無種
만물의 근원인 도의 성품엔 또한 남도 없네 無性亦無生

제34조 남악 회양 전법선사

마음의 바탕에 모든 종자 머금어져 心地含諸種
널리 비 내림에 모두 다 싹트도다 普雨悉皆生
단박에 깨달아 정을 다한 꽃피움에 頓悟華情已
보리의 과위가 스스로 이뤄졌네 菩提果自成

제35조 마조 도일 전법선사

마음의 바탕에 모든 종자 머금어져 心地含諸種
비와 이슬 만남에 모두 다 싹이 트나 遇澤悉皆萌
삼매의 꽃핌이라 형상이 없거늘 三昧華無相
무엇이 무너지고 무엇이 이뤄지랴 何壞復何成

제36조　백장 회해 전법선사

마음 외에 본래에 다른 법이 없거늘	心外本無法
부촉함이 있다 하면 마음법이 아닐세	有付非心法
원래에 마음법 없음을 깨달은	旣知非法心
이러-한 마음법을 그대에게 부촉하네	如是付心法

제37조　황벽 희운 전법선사

본래에 말로는 부촉할 수 없는 것을	本無言語囑
억지로 마음의 법이라 전함이니	强以心法傳
그대가 원래에 받아 지닌 그 법을	汝旣受持法
마음의 법이라고 다시 어찌 말하랴	心法更何言

제38조　임제 의현 전법선사

마음의 법 있으면 병이 있고	病時心法在
마음의 법 없으면 병도 없네	不病心法無
내 부촉한 마음의 법에는	吾所付心法
마음의 법 있는 것 아니로세	不在心法途

제39조　흥화 존장 전법선사

지극한 도는 간택함이 없으니	至道無揀擇
본래의 마음이라 향하고 등짐이 없느니라	本心無向背
이 같음을 감당해 이으려는가?	便如此承當
봄바람에 곤한 잠을 더하누나	春風增瞌睡

제40조　남원 혜옹 전법선사

대도는 온통 맘에 있다지만	大道全在心
맘에 구함 있으면 그르치네	亦非在心求
그대에게 부촉한 자심의 도에는	付汝自心道
기쁨도 근심도 없느니라	無喜亦無憂

제41조 풍혈 연소 전법선사

나 이제 법 없음을 말하노니 我今無法說
말한 바가 모두 다 법 아니라 所說皆非法
법 없는 법 지금에 부촉하니 今付無法法
이 법에도 머무르지 말아라 不可住于法

제42조 수산 성념 전법선사

말한 적도 없어야 참법이니 無說是眞法
이 말함은 원래에 말함 없네 其說元無說
나 이제 말한 적도 없을 때 我今無說時
말함이라 말한들 말함이랴 說說何曾說

제43조 분양 선소 전법선사

예로부터 말함 없음 부촉했고 自古付無說
지금의 나 또한 말함 없네 我今亦無說
다만 이 말함 없는 마음을 只此無說心
모든 부처 다 같이 말한 바네 諸佛所共說

제44조 자명 초원 전법선사

허공이 형상이 없다 하나 虛空無形像
형상도, 허공도 아닐세 形像非虛空
내 부촉한 마음의 법이란 我所付心法
공도 공한 공이어서 공 아닐세 空空空不空

제45조 양기 방회 전법선사

허공이 면목이 없듯이 虛空無面目
마음의 상 또한 이와 같네 心相亦如然
곧 이렇게 비고 빈 마음을 卽此虛空心
높은 중에 높다고 하는 걸세 可稱天中天

제46조 백운 수단 전법선사

마음의 본체가 허공같아	心體如虛空
법 또한 허공처럼 두루하네	法亦遍虛空
허공 같은 이치를 증득하면	證得虛空理
법도 아니요, 공한 맘도 아니로세	非法非心空

제47조 오조 법연 전법선사

도에는 나라는 나 원래 없고	道我元無我
도에는 맘이란 맘 원래 없네	道心元無心
오직 이 나라 함도 없는 법으로	唯此無我法
나라 함 없는 맘에 일체하네	相契無我心

제48조 원오 극근 전법선사

참나에는 본래에 맘이랄 것 없으며	眞我本無心
참마음엔 역시나 나랄 것 없으나	眞心亦無我
이러-히 참답게 참마음에 일체되면	契此眞眞心
나를 나라 한들 어찌 거듭된 나겠는가	我我何曾我

제49조 호구 소륭 전법선사

도 얻으면 자재한 마음이고	得道心自在
도 얻지 못하면 근심이라 하나	不得道憂惱
본래의 마음의 도 부촉함에	付汝自心道
기쁨도, 근심도 없느니라	無喜亦無惱

제50조 응암 담화 전법선사

맑던 하늘 구름 덮인 하늘 되고	天晴雲在天
비 오더니 젖어있는 땅일세	雨落濕在地
비밀히 마음을 부촉함이여	秘密付與心
마음법이란 다만 이것일세	心法只這是

제51조 밀암 함걸 전법선사

부처님은 눈으로써 별을 보고	佛用眼觀星
난 귀로써 소리를 들었도다	我用耳聽聲
나의 함이 부처님의 함과 같아	我用與佛用
내 밝음이 그대의 밝음일세	我明汝亦明

제52조 파암 조선 전법선사

부처와 더불어 중생의 보는 것이	佛與衆生見
원래 근본 부처인데 금 그은들 바뀌랴	元本佛隔線
그대에게 부촉한 본연의 마음법에는	付汝自心法
깨닫고 깨닫지 못함도 없느니라	非見非不見

제53조 무준 사범 전법선사

내가 만약 봄이 없다 할 때에	我若不見時
그대 응당 봄이 없이 보아라	汝應不見見
봄에 봄 없어야 본연의 봄이니	見見非自見
본연의 마음이 언제나 드러났네	自心常顯現

제54조 설암 혜랑 전법선사

진리는 곧기가 거문고줄 같다는데	眞理直如絃
어떻게 침묵이나 말로 다시 할 것인가	何默更何言
나 이제 그대에게 공교롭게 부촉하니	我今善付囑
밝힌 마음 본래에 얻음이 없는 걸세	表心本無得

제55조 급암 종신 전법선사

사람에겐 미혹하고 깨달음이 본래 없는데	本無迷悟人
미했느니 깨쳤느니 제 스스로 분별하네	迷悟自家計
젊어서 깨달았다 말이나 한다면	記得少壯時
늙어서까지라도 깨닫지 못할 걸세	而今不覺老

제56조 석옥 청공 전법선사

이 마음이 지극히 광대하여	此心極廣大
허공에 비할 수도 없다네	虛空比不得
이 도는 다만 오직 이러-하니	此道只如是
밖으로 찾음 쉬어 받아 지녔네	受持休外覓

제57조 태고 보우 전법선사

지극히 큰 이것인 이 마음과	至大是此心
지극히 성스러운 이것인 이 법이라	至聖是此法
등불과 등불의 광명처럼 나뉨 없음	燈燈光不差
이 마음 스스로가 통달해 마침일세	了此心自達

제58조 환암 혼수 전법선사

마음 중의 본연의 마음과	心中有自心
법 중의 지극한 법을	法中有至法
내가 지금 부촉한다 하나	我今可付囑
마음법엔 마음법이라 함도 없네	心法無心法

제59조 구곡 각운 전법선사

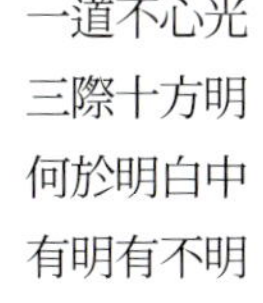

온통인 도, 마음의 광명이라 할 것도 없으나	一道不心光
과거, 현재, 미래와 시방을 밝힘일세	三際十方明
어떻게 지극히 분명한 이 가운데	何於明白中
밝음과 밝지 않음 있다고 하리오	有明有不明

제60조 벽계 정심 전법선사

나 지금 법 없음을 부촉하고	我無法可付
그대는 무심으로 받는다 하나	汝無心可受
전함 없고 받음 없는 맘이라면	無付無受心
누구라도 성취하지 못했다 하랴	何人不成就

제61조　벽송 지엄 전법선사

마음이 곧 깨달음의 마음이요　心卽能知心
법이 곧 깨달음의 법이라　法卽可知法
마음법을 마음법이라 전한다면　法心付法心
마음도, 법도 아닐세　非心亦非法

제62조　부용 영관 전법선사

조사와 조사가 법 없음을 부촉한다 하나　祖祖無法付
사람과 사람마다 본래 스스로 지님일세　人人本自有
그대는 부촉함도 없는 법을 받아서　汝受無付法
긴요히 뒷날에 전하도록 하여라　急着傳於後

제63조　청허 휴정 전법선사

참성품은 본래에 성품이라 할 것 없고　眞性本無性
참법은 본래에 법이라 할 것 없네　眞法本無法
법이니 성품이니 할 것 없음 깨달으면　了知無法性
어떠한 곳엔들 통달하지 못하랴　何處不通達

제64조　편양 언기 전법선사

법도 아니고 법 아님도 아니고　非法非非法
성품도 아니고 성품 아님도 아니며　非性非非性
마음도 아니고 마음 아님도 아님이　非心非非心
그대에게 부촉하는 궁극의 마음법일세　付汝心法竟

제65조　풍담 의심 전법선사

부처님이 전하신 꽃 드신 종지와　師傳拈花宗
내가 미소지어 보인 도리를　示我微笑法
친히 손수 그대에게 분부하니　親手分付汝
받들어 지녀 누리에 두루하게 하라　持奉遍塵刹

제66조　월담 설제 전법선사

깨달아선 깨달은 바 없으며　得本無所得
전해서는 전함 또한 없느니라　傳亦無可傳
전함도 없는 법을 부촉함이여　今付無傳法
동서가 온통한 하늘일세　東西共一天

제67조　환성 지안 전법선사

전하거나 받을 법이 없어서　無傳無受法
전하거나 받는다는 맘도 없네　無傳無受心
부촉하나 받은 바 없는 이여　付與無受者
허공의 힘줄마저 뽑아서 끊었도다　掣斷虛空筋

제68조　호암 체정 전법선사

연류에 따른 일단사여　沿流一段事
머리도 꼬리도 필경 없네　竟無頭與尾
사자새끼인 그대에게 부촉하니　付與獅子兒
사자후 천지에 가득케 하라　哨吼滿天地

제69조　청봉 거안 전법선사

서 가리켜 동에 그림이여　指西喚作東
풍악산의 뭇 봉우리로다　楓嶽山衆峰
불조의 이러한 법을　佛祖之此法
너에게 분부하노라　分付今日汝

제70조　율봉 청고 전법선사

머리도 꼬리도 없는 도리　無頭尾道理
오늘 그대에게 전해주니　今日傳授汝
이후로 보림을 잘 하여서　此後善保任
영원히 끊어짐이 없게 하라　永遠無斷絶

제71조 금허 법첨 전법선사

그믐날 근원에 돌아간다 말했으나	晦日豫言爲還元
법신에 그 어찌 가고 옴이 있으랴	法身何有去與來
푸른 하늘 해 있고, 못 가운데 연꽃일세	日在靑天池中蓮
이 법을 분부하니 끊어짐이 없게 하라	此法分付無斷絶

제72조 용암 혜언 전법선사

'연꽃이 나왔다' 하여 보인 큰 도리를	示出蓮之大道理
다시 또 뜰 밑 나무 가리켜 보여서	復亦指示庭下樹
후일의 크고 큰일 그대에게 부촉하니	後日大事與咐囑
잘 지녀 보림하여 끊어짐 없게 하라	保任善持無斷絶

제73조 영월 봉율 전법선사

사느니 죽느니 이 무슨 말들인고	生也死也是何言
물밭엔 연꽃이고 하늘엔 해일세	水田蓮花在天日
가없이 이러-해서 감출 수 없이 드러남	無邊無藏露如是
오늘 네게 분부하니 끊어짐 없게 하라	今日分付無斷絶

제74조 만화 보선 전법선사

봄산과 뜬구름을 동시에 보아라	春山浮雲觀同時
중생들의 이익될 바 그 가운데 있느니라	普益衆生在其中
이 가운데 도리를 이제 네게 부촉하니	此中道理今付汝
계승해 끊임없이 번성케 할지어다	繼承無斷爲繁盛

제75조 경허 성우 전법선사

하늘의 뜬구름이 누설한 그 도리를	浮雲漏泄其道理
오늘날 선자에게 부촉하여 주노니	今日咐囑與禪子
철저하게 보림하여 모범을 보임으로	保任徹底示模範
후세에 끊어짐이 없게 할 맘, 지니게나	後世無斷爲持心

第76祖 만공 월면 전법선사

구름과 달, 산과 계곡이라, 곳곳에서 같음이여	雲月溪山處處同
선가의 나의 제자 수산의 큰 가풍일세	叟山禪子大家風
은근히 무문인을 그대에게 분부하니	慇懃分付無文印
이 기틀의 방편이 활안 중에 있노라	一段機權活眼中

第77祖 전강 영신 전법선사

불조도 전한 바 없어서	佛祖未曾傳
나 또한 얻은 바 없음을…	我亦無所得
가을빛 저물어 가는 날에	此日秋色暮
뒷산의 원숭이가 울고 있네	猿嘯在後峰

第78代 농선 대원 전법선사

부처와 조사도 일찍이 전한 것이 아니거늘	佛祖未曾傳
나 또한 어찌 받았다 하며 준다 할 것인가	我亦何受授
이 법이 2천년대에 이르러서	此法二千年
널리 천하 사람을 제도하리라	廣度天下人

부처님으로부터 직계로 내려온 불조정맥 제78대 농선 대원 선사님

농선 대원 전법선사의 3대 서원

오로지 정법만을 깨닫기 서원합니다.

입을 열면 정법만을 설하기 서원합니다.

중생이 다하는 그날까지 교화하기 서원합니다.

성불사 국제정맥선원 대웅전

성불사 국제정맥선원은

농선 대원 선사님께서 주석하시는 곳으로

대원 선사님의 지도하에 비구스님들이

직접 지은 도량이다.

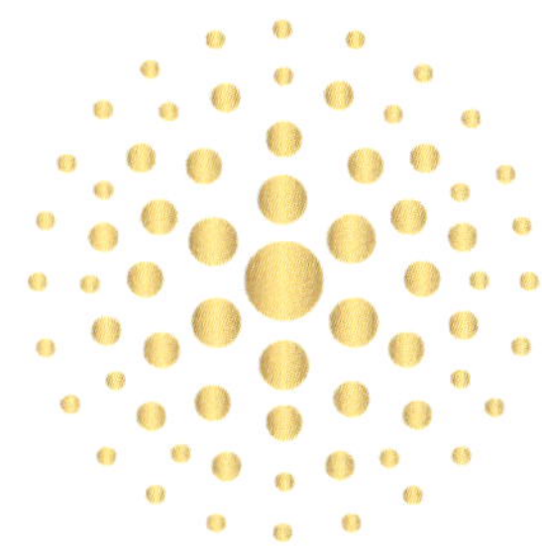

불교 8대 선언문

불교는 자신에게서 영생을 발견하게 한 유일한 종교이다.
불교는 자신에게서 모든 지혜를 발견하게 한 유일한 종교이다.
불교는 자신에게서 모든 능력을 발견하게 한 유일한 종교이다.
불교는 자신에게서 모든 것을 이루게 한 유일한 종교이다.
불교는 자신에게서 극락을 발견하게 한 유일한 종교이다.
불교는 깨달으면 차별 없어 평등하다는 유일한 종교이다.
불교는 모든 억압 없이 자신감을 갖게 한 유일한 종교이다.
불교는 그러므로 온 누리에 영원할 만인의 종교이다.

농선 대원 전법선사 주창

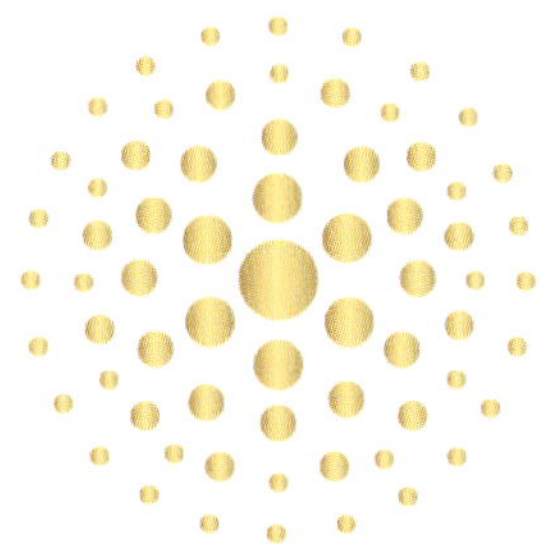

전세계의 불교계에서 통일시켜야 할 일

경전의 말씀대로 32상과 80종호를 갖춘 불상으로 통일해야 한다.

예불 드리는 법을 통일해야 한다.

불공의식을 통일해야 한다.

농선 대원 전법선사 주창

농선 대원 선사의 전등록 발간의 의의

선문(禪文)이란 말 밖의 말로 마음을 바로 가리켜 깨닫게 하여 그 깨달은 마음 바탕에서 닦아 불지(佛地)에 이르게 하는 문(門)이다. 그러기에 지식이나 알음알이로는 헤아려 알 수 없는 것이어서 깨달아 증득하여 일체종지(一切種智)를 이룬 이가 아니고는 그 요지를 바로 보아 이끌어 줄 수 없다.

지금 불교의 현실이 대본산 강원조차 이런 안목으로 이끌어 주는 선지식이 없어서 선종(禪宗) 최고의 공안집인 '전등록', '선문염송' 강의가 모두 폐강된 상황이다.

이에 대원 선사님께서는 불조(佛祖)의 요지가 말이나 글에 떨어져 생사해탈의 길이 단절되는 것을 염려하여 깨달음의 법을 선리(禪理)에 맞게 바로 잡는 역경 작업에 혼신을 다하고 계신다.

대원 선사님께서는 19세에 선운사 도솔암에서 활연대오한 후, 대선지식과의 법거량에서 한 치의 주저함도 없이 명쾌하게 응대하시니 당시 12대 선지식들께서 탄복해 마지않으셨다. 경봉 선사님과 조계종 지혜제일 전강 선사님과의 문답만을 보더라도 취모검과 같은 대원 선사님의 선지를 엿볼 수 있다.

맨 처음 통도사 경봉 선사님을 찾아뵈었을 때, 마침 늦가을 감나무에서 감을 따고 계신 경봉 선사님을 보자 감나무 주위를 한 번 돌고서 있으니, 경봉 선사님께서 물으셨다.

"어디서 왔는가?"

"호남에서 왔습니다."

"무엇을 공부했는가?"

"선을 공부했습니다."

"무엇이 선이냐?"

"감이 붉습니다."

"네가 불법을 아는가?"

"알면 불법이 아닙니다."

위의 문답이 있은 후 경봉 선사님께서는 해제 법문을 대원 선사님께 맡기셨으나 대원 선사님께서는 아직 그럴 때가 아니라 여겨져 그 이튿날인 해제일 새벽 직전에 통도사를 떠나와 버리셨다.

또 광주 동광사에서 처음 전강 선사님을 뵈었을 때, 20대 초면의 젊은 승려인 대원 선사님께 전강 선사님께서 대뜸 '달마불식 도리'를 일러보라 하셨다. 대원 선사님께서 아무 말없이 다가가 전강 선사님의 목에 있는 점 위의 털을 뽑아 버리고 종무소로 가니, 전강 선사님께서 "여기 사람 죽이는 놈이 있다."하며 종무소까지 따라오다 방장실로 돌아가셨다.

그 이후 대원 선사님께서 군산 은적사에서 전강 선사님을 시봉하며 모시고 계실 때, 전강 선사님께서 또 물으셨다.

"공적의 영지를 일러라."

"이러-히 스님과 대담합니다."

"영지의 공적을 일러라."

"스님과 대담에 이러-합니다."

"이러-한 경지를 일러라."

"명왕은 어상을 내리지 않고 천하일에 밝습니다."

대원 선사님의 답에 전강 선사님께서는 희색이 만면해서 고개를 끄덕이며 당신 처소로 돌아가셨다.

이에 그치지 않고 전강 선사님께서 대구 동화사 조실로 계실 때, 대원 선사님께 말씀하셨다.

"대중들이 자네를 산으로 불러내어 그 중에 법성(조계종 종정 진제 스님)이 달마불식 도리를 일러보라 했을 때 '드러났다'라고 답했다는데, 만약에 자네가 양무제였다면 '모르오'라고 이르고 있는 달마 대사에게 어떻게 했겠는가?"

"제가 양무제였다면 '성인이라 함도 설 수 없으나 이러-히 짐의 덕화와 함께 어우러짐이 더욱 좋지 않겠습니까?'하며 달마 대사의 손을 잡아 일으켰을 것입니다."

그러자 전강 선사님께서 탄복하며 말씀하셨다.

"어느새 그 경지에 이르렀는가?"

"이르렀다곤들 어찌하며 갖추었다곤들 어찌하며 본래라곤들 어찌하리까? 오직 이러-할 뿐인데 말입니다."

대원 선사님의 대답에 전강 선사님께서 크게 기뻐하셨다.

이와 같이 대원 선사님께서는 20대 초반에 이미 어떤 선지식의 물음에도 전광석화와 같이 답하셨으며 그 법을 씀이 새의 길처럼 흔적 없는 가운데 자유자재하셨다.

깨달음의 방편에 있어서는 육조 대사께서 마주 앉은 자리에서 사람들을 깨닫게 하셨듯이, 제자들을 제접해 직지인심(直指人心)으로 스스로의 마음에 사무쳐 들게 하여 근기에 따라 보림해 갈 수 있도록 이끌어주시니, 꺼져가는 정법의 기치를 바로 일으켜 세움이라 하겠다.

또한 선지식이라면 이변(理邊)에서 뿐만이 아니라 사변(事邊)에서도 먼 안목으로 인류가 무엇을 어떻게 대비하며 살아가야 할지를 예언하고 이끌어 주어야 한다고 하셨다.

그래서 1962년부터 주창하시기를, 전 세계가 21세기를 '사막 경영의 시대'로 삼아 사막화된 지역에 '사막 해수로 사업'을 하여 원하는 지역의 기후를 조절해야 하고, 자원을 소모하는 발전소 대신 파도, 태양열, 풍력 등의 대체 에너지와 무한 원동기를 개발해야 한다고 하셨다. 또, 도로를 발전소화하여 전기를 생산하는 방법 등을 구체적으로 제안하시고, 천재지변을 대비하여 각자의 집에서 농사를 짓는 '울안의 농법'을 연구하시는 등 만인이 더 나은 삶을 살 수 있는 길을 끊임없이 일러 주고 계신다.

이와 같이 대원 선사님께서는 일체종지를 이룬 지혜로, '참나를 깨달아 마음이 내가 된 삶'을 위한 깨달음의 법으로부터 닥쳐오는 재난을 막고 지구를 가장 살기 좋은 세상으로 만드는 방편까지 늘 그 방향을 제시하고 계신다.

한편, 불교의 최고 경전인 '화엄경 81권'을 완간하여 불보살님의 불가사의한 화엄세계를 열어 보이셨으며, 선문 최대의 공안집인 '선문염송 30권' 1,463칙에 대하여 석가모니 부처님 이래 최초로 전 공안을 맑은 물 밑바닥 보듯이 회통쳐 출간하셨다.

이제 대원 선사님께서는 7불과 역대 조사들의 깨달음의 진수가 담긴 '전등록 30권'을 그런 혜안(慧眼)으로 조사마다 선리의 토끼뿔을 더해 닦아 증득할 수 있도록 밝혀 보이셨다. 그리하여 생사윤회길을 헤매는 중생들에게 해탈의 등불이 되고자 하셨으며, 불조(佛祖)의 정법이 후세에까지 끊어지지 않게 하여 부처님 은혜에 보답하고자 하셨다.

부처님 가신 지 오래 되어 정법은 약하고 삿된 법이 만연한 지금, 중생이 다하는 날까지 중생을 구제하기 서원하는 대원 선사님과 같은 명안종사(明眼宗師)가 계심은 불보살님의 자비광명이 이 땅에 두루한 은덕이라 하겠다.

바로보인 불법 ㊸

전등록 傳燈錄

10

도서출판 문젠(구, 바로보인)은 정맥선원에서 운영하고 있습니다.

* 인제산(人濟山) 성불사(成佛寺) 국제정맥선원
경기도 포천시 내촌면 소리개길 86-178 ☎ 031-531-8805
* 인제산(人濟山) 이룬절 포천정맥선원
경기도 포천시 내촌면 소리개길 86-123 ☎ 031-531-2433
* 백양산(白楊山) 자모사(慈母寺) 부산정맥선원
부산시 동래구 아시아드대로 114번길 10 대륙코리아나 2층 212호 ☎ 051-503-6460
* 자모산(慈母山) 육조사(六祖寺) 청도정맥선원
경북 청도군 매전면 동산리 산 50 ☎ 010-4543-2460
* 광암산(光巖山) 성도사(成道寺) 광주정맥선원
광주광역시 광산구 삼도광암길 34 ☎ 062-944-4088
* 대통산(大通山) 대통사(大通寺) 해남정맥선원
전남 해남군 화산면 송계길 132-98 중정마을 ☎ 061-536-6366

바로보인 불법 ㊸

전 등 록 10

초판 1쇄 펴낸날 단기 4354년, 불기 3048년, 서기 2021년 10월 30일

역　　저 농선 대원 선사
펴 낸 곳 도서출판 문젠(Moonzen Press)
11192, 경기도 포천시 내촌면 소리개길 86-178
전화 031-534-3373 팩스 031-533-3387
신고번호 2010.11.24. 제2010-000004호

편집윤문출판 법심 최주희, 법운 정숙경
인디자인 전자출판 지일 박한재
표 지 글 씨 춘성 박선옥
인　　　쇄 북크림

도서출판문젠 www.moonzenpress.com
정 맥 선 원 www.zenparadise.com
사막화방지국제연대(IUPD) www.iupd.org

값 15,000원
ISBN 978-89-6870-610-3
ISBN 978-89-6870-600-4 04220(전30권)

서 문

전등록은 말 없는 말이며 말 밖의 말이라서 학식이나 재치만으로는 번역이 실로 불가능한 일이다. 그러기에 육조단경(六祖壇經)을 보면 법화경을 삼천 번이나 독송한 법달(法達)은 글 한 자 모르시는 육조(六祖)께 경의 뜻을 물었고, 글을 모르시는 육조께서는 법화경의 바른 뜻을 설파하셔서 법달을 깨닫게 하신 것이다.

그런데 하루는 본인에게 법을 물으러 다니시던 부산의 목원 하상욱 본연님이 오셔서 시중에 나온 전등록 번역본 두세 가지를 보이시며 범인인 당신에게도 부처님과 조사님들의 본래 뜻에 맞지 않는 대문이 군데군데 눈에 뜨인다며 바른 의역의 필요성을 절감한다고 하셨다. 그 후로 전등록 번역을 바로 해주십사 하는 간청이 지극하여 비록 단문하나 이 일을 시작하게 되었다.

부처님과 조사님들의 근본 뜻에 어긋남이 없게 하기 위해 노력하였으나 약속한 기간 내에 해내기란 실로 벅찬 일이어서 혹시 미비한 점이 없지 않으리니 강호 제현의 좋은 지적이 있기를 바란다.

불법(佛法)이란 본자연(本自然)이라 누가 설(說)하고 누가 듣고 배울 자리요만 그렇지 못한 이가 또한 있어서 부처님과 조사님들의 허물이 생기는 것이다.

어떤 것이 부처인고?
화분의 빨간 장미니라.

이 가운데 남전(南泉) 뜰꽃 도리(道理)며 한산(寒山) 습득(拾得)의 웃음을 누릴진저.

단기(檀紀) 4354년
불기(佛紀) 3048년
서기(西紀) 2021년

무등산인 농선 대원 분향근서
(無等山人 弄禪 大圓 焚香謹書)

양억(楊億)의 경덕전등록 서문

석가모니께서 일찍이 연등 부처님의 수기를 받아, 현겁(賢劫)의 보처(補處)가 되어 이 땅에 탄강하시고 법을 펴서 교화하시기가 49년이었으니 방편과 진리, 돈오(頓悟)와 점수(漸修)의 문호를 여시고, 헤아릴 수 없이 많은 다양한 교법을 내려 주셨다.

근기(根機)에 따라 진리를 깨닫게 하신 데서 삼승(三乘)의 차별이 생겼으니, 사물에 접하는 대로 중생을 이롭게 하여 한량없는 중생을 제도하셨다. 그 자비는 넓고 컸으며 그 법식(法式)은 두루 갖추어져 있었다.

쌍림(雙林)에서 열반에 드실 때 가섭(迦葉)에게만 유촉하신 것이 차츰차츰 전하여 달마에 이르러서 비로소 문자를 세우지 않고 마음의 근원을 곧바로 보이게 되었으니, 차례를 밟지 않고 당장에 부처의 경지에 오르게 되어 다섯 잎[1]이 비로소 무성하고 천 개의 등불[2]이 더욱 찬란하여서, 보배 있는 곳에 이른 이는 더욱 많고, 법의 바퀴를 굴린 이도 하나가 아니었다.

부처님께서 부촉하신 종지와 정법안장(正法眼藏)이 유통되는 도리는 교리 밖에서 따로 행해지는 불가사의(不可思議)한 것이다.

태조(太祖)께서 거룩하신 무력으로 전란을 진압하신 뒤에 사찰을 숭상하여 제도의 문을 활짝 여셨고, 태종(太宗)께서 밝으신 변재로 비밀한 법을 찬술하시어 참된 이치를 높이셨으며, 황상(皇上)[3]께서 높으신 학덕으로 조사의 뜻을 이어 거룩한 가르침에 머릿말을 쓰셔 종풍(宗風)을 잇게 하시니, 구름 같은 문장이 진리의 하늘에 빛나고, 부처의 황금같은 설법

---

1) 다섯 잎 : 중국 선종의 2조 혜가로부터 6조 혜능에 이르는 다섯 조사를 말한다.

2) 천 개의 등불 : 중국에 선법(禪法)이 전해진 이후 등장한 수많은 견성도인들을 말한다.

3) 황상(皇上) : 송의 진종(眞宗)을 말한다.

이 깨달음의 동산에 펼쳐졌다.

대장경의 말씀에 비밀히 계합하고, 인도로부터의 법맥이 번창하니, 뭇 선행을 늘리는 이가 더욱 많아졌고, 요의(了義)[4]를 전하는 사람들이 간간이 나타나서 원돈(圓頓)의 교화가 이 지역에 퍼졌다.

이에 동오(東吳)의 승려인 도원(道原)이 선열(禪悅)의 경지에 마음을 모으고, 불법의 진리를 샅샅이 찾으며, 여러 세대의 조사 법맥을 찾고, 제방의 어록(語錄)을 모아 그 근원과 법맥에 차례를 달고, 말씀들을 차례차례 엮되, 과거 7불로부터 대법안(大法眼)의 문도에 이르기까지 무릇 52세대, 1,701인을 수록하여 30권으로 만들어 경덕전등록이라 하여 대궐로 가지고 와서 유포해 주기를 청하였다.

황상께서는 불법을 밖으로부터 보호하고자 하시고, 승려들의 부지런함을 가상히 여겨 마음가짐을 신중히 하고 생각을 원대히 하여 좌사간(左司諫) 지제고(知制誥) 양억(楊億)과 병부원외랑(兵部員外郎) 지제고(知制誥) 이유(李維)와 태상승(太常丞) 왕서(王曙) 등을 불러 교정케 하시니, 신(臣) 등은 우매하여 삼학(三學)[5]의 근본 뜻을 모르고 5성(五性)[6]의 방편에 어두우며, 훌륭한 번역 솜씨도 없고, 비야리 성에서 보인 유마 거사의 묵연(默然) 도리[7]에도 둔하건만 공손히 지엄하신 하명(下命)을 받들어 감히 끝내 사양하지 못하였다.

그 저술된 내용을 두루 살펴보면 대체로 진공(眞空)[8]으로써 근본을 삼고 있고, 옛 성인께서 도에 들던 인연을 서술할 때나 옛 사람이 진리를 깨달은 이야기를 표현할 때엔 근기와 인연의 계합함이 마치 활쏘기와 칼쓰

---

4) 요의(了義) : 일을 다 마친 도리, 깨달아서 깨달음마저 두지 않는 경지를 말한다.

5) 삼학(三學) : 계(戒), 정(定), 혜(慧).

6) 5성(五性) : 법상종의 용어. 일체중생의 근기를 다섯 성품으로 나누어서 성불할 근기와 성불하지 못할 근기로 나누었다.

7) 유마 거사의 묵연 도리 : 유마 거사가 비야리성에서 그를 문병하러 온 문수보살과 법담을 할 때 잠자코 말이 없음으로 불이(不二)의 도리를 드러내 보인 일을 말한다.

8) 진공(眞空) : 색(色)이니 공(空)이니를 초월해서 누리는 경지.

기가 알맞는 것 같아 지혜가 갖추어진 데서 광명을 내어, 채찍 그림자만 보고도 달리는 말과 같은 상근기자(上根機者)들에게 널리 도움이 되고 있다.

후학(後學)들을 인도함에는 현묘한 진리를 드날리고 있고, 다른 이야기를 가져올 때에는 출처를 밝히고 있으며, 다듬어지지 않은 부분도 많으나 훌륭한 부분도 찾아볼 수 있었다. 모든 대사들이 대중에게 도리를 보일 때에 한결같은 소리로 펼쳐 보이고 있으니 영특한 이가 귀를 기울여 듣는다면 무수한 성인들이 증명한다 할 것이다. 개괄해서 들추어도 그것이 바탕이어서 한군데만 취해도 그대로가 옳다.

만일 별달리 더 붓을 댄다면 그 돌아갈 뜻을 잃을 것이다. 중국과 인도에서의 말이 이미 다르지 않은데 자칫하면 구슬에다 무늬를 새기려다 보배에 흠집을 낼 우려가 있기에, 이런 종류는 모두 그대로 두었다. 더욱이 일은 실제로 행한 것만을 취해 기록하여 틀림없이 잘 서술했으나 말이란 오래도록 남아 전해지는 까닭에 전혀 문장을 다듬지 않을 수는 없었다.

어떤 사연을 기록할 때엔 그 자취를 자세히 하였고 말이 복잡해지거나 이야기가 저속한 것이 있으면 모두 삭제하되 문맥이 통하게 하였다.

유교(儒敎)의 대신이나 거사(居士)의 문답에 이르러 벼슬자리와 성씨가 드러난 이는 연대와 역사에 비추어 잘못을 밝히고, 사적(史籍)에 따라 틀린 점을 바로잡아 믿을 만한 전기가 되게 하였다.

만일 바늘을 던져 맞추듯 한 치의 어긋남 없이 도리를 밝히는 일이 아니거나, 번갯불이 치듯 빠른 기틀을 내보이는 일이 아니거나, 묘하게 밝은 참 마음을 보이는 일이 아니거나, 고(苦)와 공(空)의 깊은 이치를 조사(祖師)의 뜻 그대로 기술(記述)하는 일이 아니라면, 어떻게 등불을 전한다는 전등(傳燈)이라는 비유에 계합(契合)하는 그 극진한 공덕을 베풀 수 있었겠는가?

만일 감응(感應)한 징조만을 서술하거나 참문하고 행각한 자취만을 기록한다 할 것 같으면 이는 이미 승사(僧史)에 밝혀져 있는 것이니, 어째서 선가(禪家)의 말씀을 굳이 취하겠는가? 세대와 계보의 명칭을 남긴 것만이 아니라 스승과 제자가 이어지는 근거를 널리 기록하였다.

그러나 옛날 책에 실린 것을 보면 잘 다듬어지지 않은 내용을 수록하고 잘 다듬어진 것은 버린 일이 있는데, 다른 기록에 남아 있으면 해당하는 문장을 찾아 보완하고, 더욱 널리 찾아서 덧붙이기도 하였다. 또한 서문과 논설에 이르러 혹 옛 조사(祖師)의 문장이 아닌 것이 사이사이 섞이어 공연히 군소리가 되었으면 모두 간추려서 다 깎아버렸으니, 이같이 하여 1년 만에 일이 끝났다.

저희 신(臣)들은 성품과 식견이 우둔하고, 학문이 넓지 못하고, 기틀이 본래 얕고, 문장력은 부족하여 묘한 도리가 사람에게 달렸다고는 하나 마음에서 떠난 지 오래되고 깊은 진리를 나타내는 말이 세속에서 단절되어, 담벽을 마주한 듯 갑갑하게 지낸 적이 많았다. 과분하게도 추천해 주시는 은혜를 받았으나 아무 힘도 발휘하지 못했다. 편찬하는 일이 이미 끝났으므로 이를 임금님께 바친다. 그러나 임금님의 뜻에 맞지 않아, 임금님께서 거룩히 살펴보시는 데에 공연히 누만 끼치는 것이 아닌가 한다. 삼가 바친다.

한림학사조산대부행좌사간지제고동
수국사판사관사주국남양군개국후식읍
1천백호사자금어대신 양억 지음

景德傳燈錄序 昔釋迦文。以受然燈之夙記當賢劫之次補。降神演化四十九年。開權實頓漸之門。垂半滿偏圓之教。隨機悟理。爰有三乘之差。接物利生。乃度無邊之眾。其悲濟廣大矣。其軌式備具矣。而雙林入滅。獨顧於飲光。屈眴相傳。首從於達磨。不立文字直指心源。不踐楷梯徑登佛地。逮五葉而始盛。分千燈而益繁。達寶所者蓋多。轉法輪者非一。蓋大雄付囑之旨。正眼流通之道。教外別行不可思議者也。

聖宋啟運人靈幽贊。太祖以神武戡亂。而崇淨剎。闢度門。太宗以欽明禦辯。而述祕詮。暢真諦。皇上睿文繼志而序聖教繹宗風。煥雲章於義天。振金聲於覺苑。蓮藏之言密契。竺乾之緒克昌。殖眾善者滋多。傳了義者間出。圓頓之化流於區域。有東吳僧道原者。冥心禪悅。索隱空宗。披弈世之祖圖。采諸方之語錄。次序其源派。錯綜其辭句。由七佛以至大法眼之嗣。凡五十二世。一千七百一人。成三十卷。目之曰景德傳燈錄。詣闕奉進冀於流布。

皇上爲佛法之外護。嘉釋子之勤業。載懷重慎。思致悠久。乃詔翰林學士左司諫知制誥臣楊億。兵部員外郎知制誥臣李維。太常丞臣王曙等。同加刊削。俾之裁定。臣等昧三學之旨迷五性之方。乏臨川翻譯之能。懵毘邪語默之要。恭承嚴命。不敢牢讓。竊用探索匪遑寧居。考其論譔之意。蓋以真空爲本。將以述曩聖入道之因。標昔人契理之說。機緣交激。若拄於箭鋒。智藏發光。旁資於鞭影。

誘道後學。敷暢玄猷。而捃摭之來。徵引所出。糟粕多在。油素可尋。其有大士。示徒。以一音而開演。含靈聳聽。乃千聖之證明。屬概舉之是資。取少分而斯可。若乃別加潤色失其指歸。既非華竺之殊言。頗近錯雕之傷寶。如此之類悉仍其舊。況又事資紀實。必由於善敘。言以行遠。非可以無文。其有標錄事緣。縷詳軌跡。或辭條之紛糾。或言筌之猥俗。並從刊削。俾之綸貫。

至有儒臣居士之問答。爵位姓氏之著明。校歲歷以愆殊。約史籍而差謬。鹹用刪去。以資傳信。自非啟投針之玄趣。馳激電之迅機。開示妙明之真心。祖述苦空之深理。即何以契傳燈之喻。施刮膜之功。若乃但述感應之徵符。專敘參遊之轍跡。此已標於僧史。亦奚取於禪詮。聊存世系之名。庶紀師承之自然而舊錄所載。或掇粗而遺精。別集具存。當尋文而補闕。率加采擷。爰從附益。逮於序論之作。或非古德之文。問廁編聯徒增楦釀（楦釀二字出唐張燕公文集。謂冗長也）亦用簡別多所屏去。汔茲周歲方遂終篇。臣等性識媿於冥煩。學問慚於涉獵。天機素淺。文力無餘。妙道在人。雖刳心而斯久。玄言絕俗。固牆面以居多。濫膺推擇之私。靡著發揮之效。已克終於紬繹。將仰奉於清間。莫副宸襟空塵睿覽。謹上。

翰林學士朝散大夫行左司諫知制誥同
修國史判史館事柱國南陽郡開國侯食邑
一千百戶賜紫金魚袋臣楊億 撰

승려 희위(希渭)의 경덕전등록 재발간사

호주로(湖州路) 도량산(道場山) 호성만세선사(護聖萬歲禪寺)의 늙은 중 희위(希渭)는 본관이 경원로(慶元路) 창국주(昌國州)이며 성은 동(董)씨다.

어릴 때부터 고향의 성에 있는 관음선사(觀音禪寺)에 가서 절조(絶照) 화상을 스승으로 삼았고, 법명(法名)을 받게 되어 자계현(慈溪懸) 개수(開壽)의 보광선사(普光禪寺)에 가서 용원(龍源) 화상에 의해 머리를 깎고 중이 되었다.

그대로 오대율사(五臺律寺)로 가서 설애(雪涯) 화상에게 구족계를 받은 뒤에 짐을 꾸려 서쪽으로 향해 행각을 떠나 수행을 하다가 나중에 다시 은사이신 용원 화상을 만나 이 산으로 옮겨 왔다.

스승을 따라 배움에 참여하고 이로움을 구한 지 벌써 여러 해가 되었다. 항상 스승의 은혜를 생각하면서도 갚을 기회가 없었다. 그런데 삼가 윗대로부터의 부처와 조사들을 수록한 경덕전등록 30권을 보니 7불로부터 법안(法眼)의 법사(法嗣)에 이르기까지 전부 52세대(世代)인데, 경덕(景德)에서 연우(延祐) 병진년에 이르기까지 317년이나 지나서 옛 판본이 다 썩어버려 남아있지 않기 때문에 후학들이 보고 싶어도 볼 수가 없었다. 이에 발심하여 다시 간행한다.

홀연히 내 고향에 있는 천성선사(天聖禪寺)의 송려(松廬) 화상이 소장하고 있던, 여산(廬山)의 은암(隱庵)에서 찍은 옛 책이 가장 보존이 잘된 상태로 입수되었는데, 아주 내 마음에 들었다. 마침내 병진(丙辰)년 정월 10일에 의발 등속을 모두 팔아 1만 2천여 냥을 얻었다. 그날 당장에 공인(工人)에게 간행할 것을 명하여 조사의 도리가 세상에 유포되게 하였다. 이 책은 모두 36만 7천 9백 17자이다. 그해 음력 12월 1일에야 공인의 작업이 끝났다.

당장에 300부를 인쇄하여 전당강(錢塘江) 남북지역과 안중(安衆)지역[9]의 여러 명산(名山)의 방장(方丈)[10]과 몽당(蒙堂)[11]과 여러 요사(寮舍)[12]에 한 부씩을 비치케 하여 온 세상의 도를 분변(分辨)하는 참선납자(參禪衲子)들이 참구하기에 편하도록 하였다. 이를 잘 이용하여 사은(四恩)[13]을 갚고 아울러 삼유(三有)의 중생[14]에게도 도움이 되기 바란다.

대원(大元) 연우(延祐) 3년[15] 음력 12월 1일
늙은 중 희위(希渭)가 삼가 쓰고
젊은 비구 문아(文雅)가 간행을 감독하고
주지 비구 사순(士洵)이 간행하다.

---

9) 두 지역은 희위 스님의 고향인 호주(湖州)와 비교적 인접한 지역들이다.

10) 방장(方丈) : 절의 주지가 거처하는 방. 지금은 견성한 이가 아니더라도 주지를 맡고 있으나 그 당시에는 견성한 도인이라야 그 절의 주지를 맡았다. 따라서 방장에는 대체로 법이 높은 스님이 기거하는 경우가 대부분이었다.

11) 몽당(蒙堂) : 승사(僧寺)의 일에서 물러난 사람이 거처하는 방.

12) 요사(寮舍) : 절에서 대중이 숙식하는 방.

13) 사은(四恩) : 보시(布施), 자애(慈愛), 화도(化導), 공환(共歡)의 네가지 시은(施恩), 또는 부모(父母), 중생(衆生), 국왕(國王), 삼보(三寶)의 네가지 지은(知恩).

14) 삼유(三有)의 중생 : 욕계(慾界), 색계(色界), 무색계(無色界)의 삼계(三界)를 유전하는 미혹한 중생.

15) 서기 1316년.

차 례

일러두기

1. 대만에서 펴낸『경덕전등록(景德傳燈錄)』(宋釋道原 編, 新文豐出版公司, 民國 75년, 1986년)에 의거해서 번역했으며 누락된 부분 없이 완역하였다.
2. 농선 대원 선사가 각 선사장마다 선리의 토끼뿔을 더하여 닦아 증득하는데 도움이 되도록 하였다.
3. 뜻이 통하지 않는데도 오자가 아닐 때는 옛 한문 사전에서 그 조사 당시에 그 글자가 어떻게 쓰였는가를 찾아 번역하였다. 예를 들어 '還'자가 돌아올 '환'으로가 아니라 영위할 '영'으로 쓰여 뜻이 통한 경우에는 '영위하다' '누리다'로 의역하였다.
4. 선사들의 생몰연대는 여러 기록된 내용이 일치하지 않거나 미상으로 되어 있는 바가 많아, 각 선사 당시의 나라와 왕의 연대, 불교의 상황 등을 역사학자들이 전문적으로 연구하여 밝혀야 할 부분이 있기에, 이 책에서는 여러 자료와 연구 결과가 일치된 내용만을 주에서 표기하였다.
5. 첨가한 주의 내용은 불교에 대한 지식이 없는 이들도 선문답을 참구해 가는데 도움이 되도록 간략하게 달았으며, 주의 내용에 따라서는 사전적인 뜻보다는 선리(禪理)로서 그 뜻을 밝혀 마음에 비추어 참구할 수 있도록 하였다.

남악(南嶽) 회양(懷讓) 선사의 제3세 법손 61인

지주(池州) 남전(南泉) 보원(普願) 선사의 법손 17인

- 호남(湖南) 장사(長沙) 경잠(景岑) 선사
- 형남(荊南) 백마(白馬) 담조(曇照) 선사
- 종남산(終南山) 운제(雲際) 사조(師祖) 선사
- 등주(鄧州) 향엄(香嚴) 하당(下堂) 의단(義端) 선사
- 조주(趙州) 관음원(觀音院) 종심(從諗) 선사
- 지주(池州) 영취(靈鷲) 한(閑) 선사
- 악주(鄂州) 수유산(茱萸山) 화상
- 구주(衢州) 자호암(子湖巖) 이종(利蹤) 선사
- 낙경(洛京) 숭산(嵩山) 화상
- 일자(日子) 화상
- 소주(蘇州) 서선(西禪) 화상
- 선주(宣州) 자사(刺史) 육긍(陸亘) 대부
- 지주(池州) 감지(甘贄) 행자

(이상 13인은 본문에 기록되어 있다. 원주)

- 자산(資山) 존제(存制) 선사
- 강릉(江陵) 도홍(道弘) 선사
- 선주(宣州) 현극(玄極) 선사

- 신라국(新羅國) 도균(道均) 선사

(이상 4인은 본문에 기록되어 있지 않다. 원주)

항주(杭州) 염관(鹽官) 제안(齊安) 선사의 법손 8인

- 양주(襄州) 관남(關南) 도상(道常) 선사
- 홍주(洪州) 쌍령(雙嶺) 현진(玄眞) 선사
- 항주(杭州) 경산(徑山) 감종(鑒宗) 선사

(이상 3인은 본문에 기록되어 있다. 원주)

- 당(唐) 선종(宣宗) 황제
- 백운(百雲) 담정(曇靖) 선사
- 노부(潞府) 녹수(淥水) 문거(文擧) 선사
- 신라국(新羅國) 품일(品日) 선사
- 수주(壽州) 건종(建宗) 선사

(이상 5인은 본문에 기록되어 있지 않다. 원주)

무주(婺州) 오설산(五洩山) 영묵(靈默) 선사의 법손 4인

- 복주(福州) 장계(長谿) 구산(龜山) 정원(正原) 선사

(이상 1인은 본문에 기록되어 있다. 원주)

- 감천사(甘泉寺) 효방(曉方) 선사
- 감천사(甘泉寺) 원수(元邃) 선사

- 명주(明州) 서심사(棲心寺) 장환(藏奐) 선사

(이상 3인은 본문에 기록되어 있지 않다. 원주)

낙경(落京) 불광사(佛光寺) 여만(如滿) 선사의 법손 1인

- 항주(杭州) 자사(刺史) 백거이(白居易)

(이상 1인은 본문에 기록되어 있다. 원주)

명주(明州) 대매산(大梅山) 법상(法常) 선사의 법손 3인

- 신라국(新羅國) 가지(迦智) 선사
- 항주(杭州) 천룡(天龍) 화상

(이상 2인은 본문에 기록되어 있다. 원주)

- 신라국(新羅國) 충언(忠彥) 선사

(이상 1인은 본문에 기록되어 있지 않다. 원주)

형주(荊州) 영태사(永泰寺) 영단(靈湍) 선사의 법손 5인

- 호남(湖南) 상림(上林) 계령(戒靈) 선사
- 오대산(五臺山) 비마암(祕魔巖) 화상
- 호남(湖南) 기림(祇林) 화상

(이상 3인은 본문에 기록되어 있다. 원주)

10권 법계보

- 여후산(呂后山) 문질(文質) 선사
- 소주(蘇州) 법하(法河) 선사

(이상 2인은 본문에 기록되어 있지 않다. 원주)

유주(幽州) 반산(盤山) 보적(寶積) 선사의 법손 2인

- 진주(鎭州) 보화(普化) 화상

(이상 1인은 본문에 기록되어 있다. 원주)

- 진주(鎭州) 상방(上方) 화상

(이상 1인은 본문에 기록되어 있지 않다. 원주)

경조(京兆) 흥선사(興善寺) 유관(惟寬) 선사의 법손 6인

- 경조(京兆) 법지(法智) 선사
- 경조(京兆) 혜건(慧建) 선사
- 경조(京兆) 무표(無表) 선사
- 경조(京兆) 원정(元淨) 선사
- 경조(京兆) 혜광(慧光) 선사
- 경조(京兆) 의종(義宗) 선사

(이상 6인은 본문에 기록되어 있지 않다. 원주)

운수(雲水) 정종(靖宗) 선사의 법손 2인

- 화주(華州) 소마(小馬) 신조(神照) 선사
- 화주(華州) 도원(道圓) 선사

(이상 2인은 본문에 기록되어 있지 않다. 원주)

담주(潭州) 용아산(龍牙山) 원창(圓暢) 선사의 법손 2인

- 가화(嘉禾) 장이(藏廙) 선사

(이상 1인은 본문에 기록되어 있다. 원주)

- 양장(羊腸) 장추(藏樞) 선사

(이상 1인은 본문에 기록되어 있지 않다. 원주)

분주(汾州) 무업(無業) 국사의 법손 2인

- 진주(鎭州) 상정(常貞) 선사
- 진주(鎭州) 봉(奉) 선사

(이상 2인은 본문에 기록되어 있지 않다. 원주)

여산(廬山) 귀종사(歸宗寺) 지상(智常) 선사의 법손 6인

- 복주(福州) 부용산(芙蓉山) 영훈(靈訓) 선사
- 한남(漢南) 곡성현(穀城縣) 고정(高亭) 화상
- 신라국(新羅國) 대모(大茅) 화상
- 오대산(五臺山) 지통(智通) 선사

(이상 4인은 본문에 기록되어 있다. 원주)

- 홍주(洪州) 고안(高安) 대우(大愚) 선사
- 강주(江州) 자사(刺史) 이발(李渤)

(이상 2인은 본문에 기록되어 있지 않다. 원주)

노조산(魯祖山) 보운(寶雲) 선사의 법손 1인

- 운수(雲水) 화상

(이상 1인은 본문에 기록되어 있지 않다. 원주)

자옥산(紫玉山) 도통(道通) 선사의 법손 1인

- 당(唐) 양주(襄州) 절도사(節度使) 우적(于頔)

(이상 1인은 본문에 기록되어 있지 않다. 원주)

화엄사(華嚴寺) 지장(智藏) 선사의 법손 1인

- 황주(黃州) 제안(齊安) 화상

(이상 1인은 본문에 기록되어 있다. 원주)

남악(南嶽) 회양(懷讓) 선사의 제3세 법손(法孫)

회양(懷讓) 선사의 제3세
앞의 지주(池州) 남전(南泉) 보원(普願) 선사의 법손

호남(湖南) 장사(長沙) 경잠(景岑) 선사

경잠 선사[1]의 호는 초현(招賢)이다. 처음에는 녹원(鹿苑)에서 제1세의 주지로 있다가 나중에는 일정한 장소가 없이 인연을 따라 중생을 제접하고 청에 따라 법을 설해 주니, 당시의 사람들이 장사(長沙) 화상이라 하였다.

懷讓第三世 前池州南泉普願禪師法嗣 湖南長沙景岑。號招賢大師。初住鹿苑為第一世。其後居無定所。但徇緣接物隨請說法。故時衆謂之長沙和尚。

1) 경잠 선사(? ~ 868).

대사가 법상에 올라 말하였다.

"내가 만약 한결같이 종지(宗旨)의 가르침만 들어서 드날린다면 법당 안에는 반드시 풀이 일 장 높이로 자랄 것이다. 내가 할 수 없이 그대들에게 말하니, 시방세계가 온통 사문의 눈이요, 시방세계가 온통 사문의 전신(全身)이요, 시방세계가 온통 자기의 광명이요, 시방세계가 온통 자기의 광명 속에 있으며, 시방세계가 온통 자기 아닌 것이 없다.

내가 항상 그대들에게 삼세의 모든 부처님들과 모든 법계의 중생들이 모두가 마하반야의 광명이라 하였는데, 광명을 발하기 전에는 그대들이 어디에 있었는가? 광명을 발하기 전에는 부처와 중생의 소식도 없거늘 산하와 국토는 어디서 왔는가?"

그때에 어떤 승려가 물었다.

"어떤 것이 사문의 눈입니까?"

上堂曰。我若一向舉揚宗教。法堂裏須草深一丈。我事不獲已。所以向汝諸人道。盡十方世界是沙門眼。盡十方世界是沙門全身。盡十方世界是自己光明。盡十方世界在自己光明裏。盡十方世界無一人不是自己。我常向汝諸人道。三世諸佛共盡法界眾生是摩訶般若光。光未發時汝等諸人。向什麼處委。光未發時尚無佛無眾生消息。何處得山河國土來。時有僧問。如何是沙門眼。

대사가 말하였다.

“가없어〔長長〕 드러낼 수 없느니라.”

또 말하였다.

“부처나 조사가 되어도 드러낼 수 없고, 육도를 윤회하여도 드러낼 수 없느니라.”

“무엇이기에 드러내지 못한다 하십니까?”

“낮에는 해를 보고, 밤에는 별을 본다.”

“학인이 잘 모르겠습니다.”

“묘고산(妙高山)의 색이 푸르고 또 푸르니라.”

어떤 승려가 물었다.

“교리에서 말씀하시기를 항상 이 보리의 자리에 앉아 계신다 하니 어떤 것이 그 자리입니까?”

대사가 말하였다.

“노승은 바로 앉아 있고 대덕은 바로 서 있구나.”

師云。長長出不得。又云。成佛成祖出不得。六道輪迴出不得。僧云。未審出箇什麼不得。師云。晝見日夜見星。僧云。學人不會。師云。妙高山色青又青。僧問。教中云。而常處此菩提座。如何是座。師云。老僧正坐大德正立。

"어떤 것이 대도(大道)입니까?"

"바로 너를 묻어버렸구나."

"모든 부처님의 스승은 누구입니까?"

"비롯함이 없는 겁으로부터 누구의 음덕을 받았느냐?"

"모든 부처님들이 나시기 전에는 어떠합니까?"

"노조(魯祖)[2]가 개당(開堂)[3]하였을 때에도 스승이 제자에게 동을 가리켜 서를 일렀느니라."

"학인이 지위에 의지하지 않을 때에는 어떠합니까?"

"그러면 그대는 어느 곳을 향해서 안신입명(安身立命)[4]하겠는가?"

僧問。如何是大道。師云。沒却汝。僧問。諸佛師是誰。師云。從無始劫來承誰覆蔭。僧問。未有諸佛已前作麼生。師云。魯祖開堂亦與師僧東道西說。僧問。學人不據地時如何。師云。汝向什麼處安身立命。

---

2) 노조(魯祖) : 노조산(魯祖山) 보운(寶雲) 선사. 노조가 교화를 시작할 때,어떤 승려가 묻기를 "부처님들의 스승이 누구입니까?" 하니, 노조가 말하기를 "머리 위에 보배관을 쓴 분이 아니고 무엇이랴." 하였다.

3) 개당(開堂) : 종문(宗門)에서 새로 임명된 주지가 절에 부임하여 처음으로 법을 설하는 것.

4) 안신입명(安身立命) : 모든 번뇌가 소멸된 깨달음의 경지로 어디에도 얽매이지 않는 해탈자재한 궁극의 경지.

"지위에 의지할 때에는 어떠합니까?"
"이 송장을 끌어내라."

"어떤 것이 다른 류입니까?"
"자〔尺〕는 짧고, 치〔寸〕는 길구나."

"어떤 것이 모든 부처님의 스승입니까?"
"곧은 것을 휘어서 다시 구부리지 마라."
"화상께서 구경(究竟)[5]의 도리를 설해 주십시오."
"그대는 어찌하여 눈멀고 귀까지 먹었는가?"

대사가 같이 배웠던 회(會) 화상에게 어떤 승려를 보내 이렇게 묻도록 하였다.

僧云。却據地時如何。師云。拖出死屍著。僧問。如何是異類。師云。尺短寸長。僧問。如何是諸佛師。師云。不可更拗直作曲耶。僧云。請和尚向上說。師云。闍梨眼瞎耳聾作麼。師遣一僧去問同參會和尚云。

5) 구경(究竟) : 모든 것을 초월했다는 것마저 세우지 않는 궁극의 경지.

"화상께서 남전을 뵌 뒤에는 어떠하셨습니까?"

회 화상이 잠잠히 있으니, 승려가 물었다.

"화상께서 남전을 뵙기 전에는 어떠하셨습니까?"

회 화상이 말하였다.

"다시 딴 것이 있을 수 없다."

그 승려가 돌아와서 대사에게 이야기하니 게송 하나를 지어서 보였다.

백 길 장대 끝에서 움직이지 않는 이를
깨달았다 하지만 참이 아니니
백 길 장대 끝에서 나아가야
시방세계가 온통 몸일 것이다

和尚見南泉後如何。會默然。僧云。和尚未見南泉已前作麼生。會云。不可更別有也。僧迴舉似師。師示一偈曰。

百丈竿頭不動人
雖然得入未為真
百丈竿頭須進步
十方世界是全身

그 승려가 물었다.

"그렇다면 백 길 장대 끝에서 어떻게 나아가야겠습니까?"

대사가 말하였다.

"낭주(朗州)의 산이요, 예주(澧州)의 물이니라."

"청컨대 화상께서 말씀해 주십시오."

"사해(四海)와 오호(五湖)가 황제의 덕화 속에 있느니라."

어떤 객이 와서 뵈니 대사가 불렀다.

"상서(尙書)여."

그 사람이 대답을 하니, 대사가 말하였다.

"이것이 상서의 본명(本命)이 아니겠는가?"

"바로 지금 대답한 것을 여의고 따로 제2의 주인이 있지 않습니다."

"상서를 지존(至尊)이라 불러도 되겠는가?"

"이렇게 전혀 대답하지 않을 때가 제자의 주인이 아니겠습니까?"

僧問。只如百丈竿頭如何進步。師云。朗州山澧州水。僧云。請師道。師云。四海五湖皇化裏。有客來謁。師召曰。尙書。其人應諾。師曰。不是尙書本命。對曰。不可離却即今祇對別有第二主人。師曰。喚尙書作至尊得麼。彼云。恁麼總不祇對時。莫是弟子主人否。

대사가 말하였다.

“대답하거나 대답하지 않을 때뿐 아니라 비롯함이 없는 겁으로부터 이것이 생사의 근본이었다.”

그리고는 게송을 말하였다.

도를 배우는 이가 참답게 알지 못함은
예로부터 식으로 잘못 알았기 때문이니
비롯함이 없는 겁으로부터 생사 근본을
어리석은 사람들이 본래 몸이라 부르네

어떤 수재(秀才)가 『불명경(佛名經)』[6]을 보다가 물었다.

“백 천의 모든 부처님께서 다만 그 명호만 보이시니, 어느 국토에서 거주하시는지, 여전히 교화는 하시는지 모르겠습니다.”

師曰。非但祇對。與不祇對時。無始劫來是箇生死根本。有偈曰。

學道之人不識真
只為從來認識神
無始劫來生死本
癡人喚作本來身

有秀才看佛名經問曰。百千諸佛但見其名。未審居何國土還化物也無。

6) 불명경(佛名經) : 모든 부처님의 이름이 적힌 경.

대사가 말하였다.

"황학루(黃鶴樓)[7]란 시를 최호(崔顥)가 쓴 뒤에 그대도 지은 적이 있는가?"

"지은 일이 없습니다."

"한가해지거든 한 편 지어보는 것도 무방하겠군."

어떤 승려가 물었다.

"남전 화상이 천화(遷化)[8]한 뒤에 어디로 가셨습니까?"

대사가 말하였다.

"동쪽 집에서는 나귀가 되고, 서쪽 집에서는 말이 된다."

승려가 물었다.

師曰。黃鶴樓崔顥題後秀才還曾題未。曰未曾。師曰。得閑題一篇何妨。僧問。南泉遷化向什麼處去。師云。東家作驢西家作馬。僧云。

---

7) 황학루(黃鶴樓): 황학루는 중국 호북성 무한시에 있는 누각인데, 당나라 시인의 칠언율시 가운데 최호의「황학루」시를 가장 으뜸으로 꼽는다.
석인이승황학거(昔人已乘黃鶴去) 옛 사람은 황학 타고 이미 가버려
차지공여황학루(此地空餘黃鶴樓) 이 곳엔 쓸쓸히 황학루만 남아 있네
황학일거불부반(黃鶴一去不復返) 한 번 간 황학은 다시 오지 않고
백운천재공유유(白雲千載空悠悠) 흰구름만 천년을 유유히 떠 있네.
청천력력한양수(晴天歷歷漢陽樹) 개인 날 강에 뚜렷한 나무 그늘
방초처처앵무주(芳草萋萋鸚鵡洲) 앵무주에는 봄 풀들만 무성하네
일모향관하처시(日暮鄕關何處是) 해는 저무는데 고향은 어디인가
연파강상사인수(煙波江上使人愁) 강의 물안개에 시름만 깊어지네

8) 천화(遷化) : 이 세상의 중생을 제도하는 일을 마치고 다른 세상의 중생을 제도하러 옮겨간다는 뜻으로, 고승이 세상을 떠남을 이르는 말이다.

"그 뜻이 무엇입니까?"
"타려면 타고 내리려면 내려라."

호월(皓月)이라는 승려가 물었다.
"천하의 선지식들은 삼덕(三德)의 열반을 증득하였습니까?"
대사가 말하였다.
"대덕은 과위 위의 열반을 묻는가, 원인 안의 열반을 묻는가?"
"과위 위의 열반을 묻습니다."
"천하의 선지식도 증득하지 못했다."
"어찌하여 증득하지 못했습니까?"
"공덕(功德)이 성현들과 같지 않기 때문이니라."
승려가 물었다.
"공덕이 성인들과 같지 않다면 어찌 선지식이라 하겠습니까?"
"불성만 분명히 보아도 선지식이라고도 할 수 있다."
"그러면 공덕이 어떤 도와 같아야 큰 열반을 증득했다 합니까?"

此意如何。師云。要騎即騎要下即下。僧皓月問。天下善知識證三德涅槃未。師曰。大德問果上涅槃因中涅槃。曰問果上涅槃。師曰。天下善知識未證。曰為什麼未證。師曰。功未齊於諸聖。曰功未齊聖何為善知識。師曰。明見佛性亦得名為善知識。曰未審功齊何道名證大涅槃。

대사가 게송을 지어 보였다.

마하반야가 비춰주는
해탈의 깊은 법은
법신의 적멸한 본체이니
셋이 하나인 이치라 두렷하고 항상하다
공덕(功德)이 가지런한 곳을 알려는가
이것을 이름하여 항상 고요한 광명이라 한다

그 승려가 다시 물었다.
"과위 위의 삼덕 열반은 이미 열어 보여주셨는데 어떤 것이 원인 안의 열반입니까?"
대사가 말하였다.

師有偈曰。
摩訶般若照
解脫甚深法
法身寂滅體
三一理圓常
欲識功齊處
此名常寂光
又曰。果上三德涅槃已蒙開示。如何是因中涅槃。師曰。

"대덕이 바로 그것이다."

그 승려가 다시 물었다.

"교리에 말씀하신 환(幻)의 뜻이 있는 것입니까?"

"대덕이여, 그것이 무슨 말인가?"

"그러면 환의 뜻이 없는 것입니까?"

"대덕이여, 그것이 무슨 말인가?"

"그러면 환의 뜻은 있지도 없지도 않은 것입니까?"

"대덕이여, 그것이 무슨 말인가?"

"제가 세 차례나 밝혔으나 모두 환의 뜻에 계합하지 못했으니, 화상께서는 교리에서 말한 환의 뜻을 어떻게 밝히시겠습니까?"

"대덕은 일체 법의 부사의함을 믿는가?"

"부처님의 진실한 말씀을 어찌 믿지 않겠습니까?"

"대덕이 믿음을 말했는데 두 가지 믿음〔二信〕[9] 중에 어느 것인가?"

大德是。又問。教中說幻意是有耶。師曰。大德是何言歟。云恁麼幻意是無邪。師曰。大德是何言歟。云恁麼即幻意是不有不無耶。師又曰。大德是何言歟。云如某三明盡不契於幻意。未審和尚如何。明教中幻意。師曰。大德信一切法不思議否。云佛之誠言那敢不信。師曰。大德言信。二信之中是何信。

---

9) 두 가지 믿음〔二信〕: 연신(緣信)과 증신(證信). 연신은 처음으로 불법을 믿는 믿음이고, 증신은 맨 나중에 믿는 믿음이다.

"제가 말한 것은 두 가지 믿음 중에서 연신(緣信)입니다."

"어떤 가르침의 문에 의하여 연신을 내었는가?"

승려가 말하였다.

"『화엄경』에 이르기를 '보살마하살은 막힘이 없고 걸림 없는 지혜로써 일체 세간의 경계가 여래의 경계임을 믿는다.'라고 하였고, 또 『화엄경』에 이르기를 '모든 불세존께서 세간의 법과 모든 불법이 성품에 차별이 없어서 결단코 둘이 없음을 모두 아신다.'라고 하였으며, 또 『화엄경』에 이르기를 '불법과 세간법에서 진실함을 본다면 일체에 차별이 없다.'라고 하였습니다."

대사가 말하였다.

"대덕이 열거한 연신의 가르침의 법문은 매우 근거가 있다. 노승이 대덕을 위해 교리 가운데서 환(幻)의 뜻을 밝혀 주리니 잘 들어라. 만일 어떤 사람이 환이 본래 참임을 보면 그를 부처를 본 사람이라 한다.

云如某所明二信之中是名緣信。師曰。依何教門得生緣信。大德云。據華嚴云。菩薩摩訶薩以無障無礙智慧。信一切世間境界。是如來境界。又華嚴云。諸佛世尊悉知世法及諸佛法性無差別決定無二。又華嚴云。佛法世間法。若見其真實一切無差別。師曰。大德所舉緣信教門甚有來處。聽老僧與大德明教中幻意。若人見幻本來真。是則名為見佛人。

원통(圓通)한 법이라는 법에는 생멸이 없으니, 생멸 없음이 부처의 몸이니라."

그 승려가 또 물었다.

"지렁이를 두 토막으로 끊으면 두 토막이 모두 움직이는데 불성이 어느 쪽에 있습니까?"

"움직임과 움직이지 않음이 어떤 경계인가?"

"말씀이 경전과 다르니 지혜로운 이의 말이 아닙니다. 그러면 화상께서 움직임과 움직이지 않음이 어떤 경계냐 하셨는데, 어느 경전에서 나온 말입니까?"

"과연 그렇다. 말이 경전과 다른 것은 지혜로운 이의 말이 아니다. 허나 대덕은 어찌 보지 못했는가? 『수능엄경』에 '잘 알아야 한다. 시방의 가없어 움직이지 않는 허공과 동요하는 땅 · 물 · 불 · 바람을 모두 육대라 하나, 성품이 참되고 원융하므로 모두가 여래장이어서 본래 생멸이 없다.'라고 하였다."

圓通法法無生滅。無滅無生是佛身。又問。蚯蚓斷為兩段兩頭俱動。佛性在阿那頭。師云。動與不動是何境界。云言不干典非智者所談。只如和尚言。動與不動是何境界。出自何經。師曰。酌然言不干典非智者所談。大德豈不見首楞嚴經云。當知十方無邊不動虛空。并其動搖地水火風均名六大。性真圓融皆如來藏本無生滅。

대사가 게송을 말하였다.

가장 깊고도 심히 깊구나
법계와 사람 몸이 곧 이 마음일세
미혹한 이는 미혹한 마음을 경계로 삼지만
깨달으면 세계의 경계가 이 참다운 마음뿐이네
사람의 몸과 법계라는 두 티끌은 실상이 없는 것이니
이를 분명히 통달하면 지음자(知音者)[10]라 부르리

그 승려가 또 물었다.
"어떤 것이 다라니입니까?"

師有偈云。
最甚深最甚深
法界人身便是心
迷者迷心為衆色
悟時剎境是真心
身界二塵無實相
分明達此號知音
又問。如何是陀羅尼。

10) 지음자(知音者) : 말없이도 속마음까지 다 이해하는 벗을 뜻하는 말인데, 선문(禪門)에서는 '진실을 바로 아는 자'란 뜻으로 쓰인다.

대사가 선상의 오른쪽을 가리키면서 말하였다.

"저 대사가 외울 줄 안다."

승려가 또 물었다.

"그 밖에도 외우는 이가 있습니까?"

대사가 다시 선상의 왼쪽을 가리키면서 말하였다.

"저 대사도 외울 줄 안다."

"저에게는 어찌하여 들리지 않습니까?"

"대덕은 듣지 못했는가? 참된 외움은 메아리가 없고, 참된 들음은 들음이 없다는 말이 있다."

"그러면 음성은 법계의 성품에 들어갈 수 없겠습니다."

대사가 말하였다.

"색을 여의고 관하려는 것은 바로 보는 것이 아니요, 소리를 여의고 들으려는 것은 삿된 들음이다."

"어찌하여 색을 여의지 않는 것이 바로 보는 것이며, 소리를 여의지 않는 것이 참으로 듣는 것이라 하십니까?"

師指禪床右邊曰。這箇師僧却誦得。又問。別有人誦得否。又指禪床左邊曰。這箇師僧亦誦得。云某甲為什麼不聞。師曰。大德豈不聞道。真誦無響真聽無聞。云恁麼則音聲不入法界性也。師曰。離色求觀非正見。離聲求聽是邪聞。云如何不離色是正見。不離聲是真聞。

대사가 게송을 지어 보였다.

눈에 가득한 것은 본래 색이 아니요
귀에 가득한 것도 본래 소리가 아니니
눈에 항상 문수요
귀에 항상 관음이라
셋이 본래 한 몸임을 알아
넷에 통달하면 본래 동일한 참〔真〕이니
당당한 법계의 성품에는
부처라 할 것도 중생이라 할 것도 없다

師乃有偈曰。
滿眼本非色
滿耳本非聲
文殊常觸目
觀音塞耳根
會三元一體
達四本同真
堂堂法界性
無佛亦無人

어떤 승려가 물었다.

"남전 선사께서 말씀하시기를 '살쾡이와 흰 염소는 도리어 아는 것이 있으나, 삼세의 모든 부처님은 아는 것이 없다.'라고 하셨으니, 어찌하여 삼세의 부처님은 아는 것이 없습니까?"

대사가 말하였다.

"녹원(鹿苑)[11]에 드시기 전에는 비슷했었다."

"살쾡이와 흰 염소는 어찌하여 아는 것이 있습니까?"

"그대는 어찌 그것을 의심하는가?"

승려가 물었다.

"화상께서는 누구의 대를 이으셨습니까?"

대사가 말하였다.

"나는 누구의 대도 이은 적이 없다."

僧問。南泉云。狸奴白牯却知有。三世諸佛不知有。為什麼三世諸佛不知有。師曰。未入鹿苑時猶較些子。僧曰。狸奴白牯為什麼却知有。師曰。汝爭怪得伊。僧問。和尚繼嗣何人。師曰。我無人得繼嗣。

11) 녹원(鹿苑) : 녹야원. 부처님께서 성도하신 후 처음으로 다섯 비구를 제도하신 곳.

승려가 물었다.

"묻고 배우기는 하셨습니까?"

대사가 말하였다.

"나 스스로가 묻고 배웠느니라."

"스님의 뜻은 무엇입니까?"

대사가 게송을 지어 보였다.

허공이 만상(萬象)에게 물으니
만상이 허공에게 답하는 것을
어느 사람이 친히 듣겠느냐
나무로 만든 인형 아이〔丱角〕[12)]다

僧曰。還參學也無。師曰。我自參學。僧曰。師意如何。師有偈曰。

虛空問萬象
萬象答虛空
誰人親得聞
木叉丱角童

12) 관각(丱角) : 원문의 관각(丱角)은 어린 아이의 머리카락을 뿔 모양의 두 가닥으로 묶은 머리를 말한다.

어떤 승려가 물었다.

“어떤 것이 평상심입니까?”

“자고자 하면 자고, 앉고자 하면 앉는 것이니라.”

“학인은 잘 모르겠습니다.”

“더우면 서늘한 데를 찾고, 추우면 불이 있는 데로 간다.”

어떤 승려가 물었다.

“모든 것을 초월했다는 것마저 세우지 않는 길을 청컨대 스님께서 말씀해 주십시오.”

“한 개의 바늘에 석 자의 실이다.”

“어떻게 알아야 하겠습니까?”

“익주(益州)의 베와 양주(揚州)의 비단이다.”

어떤 승려가 물었다.

“움직임은 법왕의 싹이요, 고요함은 법왕의 뿌리라 하니, 어떤 것이 법왕입니까?”

僧問。如何是平常心。師云。要眠即眠要坐即坐。僧云。學人不會。師云。熱即取涼寒即向火。僧問。向上一路請師道。師云。一口針三尺線。僧云。如何領會。師云。益州布揚州絹。僧問。動是法王苗。寂是法王根。如何是法王。

대사가 기둥을 가리키면서 말하였다.
"왜 저 대사에게 묻지 않는가?"

대사가 뜰 앞에서 볕을 쬐는데 앙산이 말하였다.
"사람마다 모두 이런 것이 있건만 다만 사용하지 못할 뿐이군요."
대사가 말하였다.
"마침 잘 됐다. 그대가 사용해 봐라."
"어떻게 사용합니까?"
대사가 앙산을 차서 쓰러뜨리니, 앙산이 말하였다.
"정말 호랑이로군요."[13]
이로부터 제방에서 잠대충(岑大蟲)이라 불렀다.

師指露柱曰。何不問大士。因庭前向日。仰山云。人人盡有這箇事。只是用不得。師云。恰是請汝用。仰山云。作麼生用。師乃蹋倒仰山。仰山云。直下似箇大蟲(長慶云。前彼此作家。後彼此不作家。乃別云。邪法難扶)。自此諸方謂為岑大蟲。

13) 장경(長慶)이 말하기를 "먼저는 피차 작가이더니 나중에는 피차 작가가 못 되는군요." 하고, 이어 따로 말하기를 "삿된 법으로는 부촉하기 어렵다." 하였다. (원주)

어떤 승려가 물었다.

"본래 사람도 부처를 이룹니까?"

대사가 말하였다.

"대당의 천자가 손수 씨를 심고 벼를 베는 것을 그대는 보았느냐?"

"그러면 어떤 사람이 부처를 이룹니까?"

"그대가 부처를 이룬다."

그 승려가 말이 없으니 대사가 말하였다.

"알겠는가?"

"모르겠습니다."

"사람이 땅으로 인해 넘어졌으면 땅을 의지해서 일어나는 것과 같은데 땅이 무어라 하더냐?"

삼성(三聖)이 수(秀) 상좌를 시켜 물었다.

"남전이 천화한 뒤에 어디로 갔습니까?"

僧問。本來人還成佛也無。師云。汝見大唐天子還自種田割稻否。僧云。未審是何人成佛。師云。是汝成佛。僧無語。師云。會麼。僧云。不會。師云。如人因地而倒依地而起。地道什麼。三聖令秀上座問云。南泉遷化向什麼處去。

대사가 말하였다.

"석두가 사미로 있을 때 6조를 뵈었느니라."

수 상좌가 말하였다.

"석두가 6조를 뵌 일을 묻는 것이 아닙니다. 남전이 천화한 뒤에 어디로 갔습니까?"

"그놈으로 잘 생각하여 찾아라."

수 상좌가 말하였다.

"화상께는 비록 천 자나 되는 겨울 소나무는 있으나 매끈한 돌죽순이 없군요."

대사가 묵연히 있으니, 수 상좌가 말하였다.

"화상께서 대답해 주시니 감사합니다."

대사는 여전히 묵연히 있었다.

수 상좌가 삼성에게 가서 이야기하니 삼성이 말하였다.

"만일에 진실로 그렇다면 임제의 일곱 걸음보다 훌륭하다. 비록 이와 같으나 내가 다시 점검해 봐야겠다."

師云。石頭作沙彌時參見六祖。秀云。不問石頭見六祖。南泉遷化向什麼處去。師云。教伊尋思去。秀云。和尚雖有千尺寒松。且無抽條石筍。師默然。秀云。謝和尚答話。師亦默然。秀上座舉似三聖。三聖云。若實恁麼猶勝臨濟七步。然雖如此待我更驗看。

이튿날 삼성이 올라와서 물었다.

"듣건대 화상께서 어제 남전이 천화한 뒤에 어디로 갔느냐는 말에 대답하셨다는데, 참으로 비길 데 없이 고금에 듣기 어려운 법문이었습니다."

대사가 여전히 묵연히 있었다.

어떤 승려가 물었다.

"어떤 것이 문수입니까?"

대사가 말하였다.

"담장 위의 기왓장이니라."

"어떤 것이 관음입니까?"

"음성과 언어니라."

"어떤 것이 보현입니까?"

"중생의 마음이다."

"어떤 것이 부처입니까?"

"중생의 색신이니라."

至明日三聖上問云。承聞和尚昨日答南泉遷化一則語。可謂光前絕後今古罕聞。師亦默然。僧問。如何是文殊。師云。牆壁瓦礫是。又問。如何是觀音。師云。音聲語言是。又問。如何是普賢。師云。衆生心是。又問。如何是佛。師云。衆生色身是。

어떤 승려가 물었다.

"항하사의 수효같이 많은 모든 부처님의 본체는 모두 동일하거늘 어찌하여 갖가지 명호가 있습니까?"

대사가 말하였다.

"눈에 의하여 근원으로 돌이킨 것을 문수라 하고, 귀에 의하여 근원으로 돌이킨 것을 관음이라 하며, 마음에 의하여 근원으로 돌이킨 것을 보현이라 한다. 문수는 부처의 묘하게 관찰하는 지혜요, 관음은 부처의 인연 없는 큰 자비요, 보현은 부처의 무위의 묘한 행이니, 세 성인은 부처의 묘한 작용이요, 부처는 세 성인의 참된 본체이다. 작용에는 항하사 같이 많은 거짓 이름이 있으나 본체는 통틀어 바가범(薄伽梵)[14] 하나뿐이다."

어떤 승려가 물었다.

"색이 곧 공이요, 공이 곧 색이라 하니 그 이치가 어떠합니까?"

대사가 게송을 말하였다.

僧曰。河沙諸佛體皆同。何故有種種名字。師云。從眼根返源名為文殊。耳根返源名為觀音。從心返源名為普賢。文殊是佛妙觀察智。觀音是佛無緣大慈。普賢是佛無為妙行。三聖是佛之妙用。佛是三聖之真體。用則有河沙假名。體則總名一薄伽梵。僧問色即是空空即是色。此理如何。師偈曰。

14) 바가범(薄伽梵) : 온갖 덕을 성취한 자리.

막힌 곳이 담장이 아니니
통한 곳을 허공이라 마라
만약 사람이 이러-히 알면
마음과 색이 본래 같은 것이니라

또 게송을 말하였다.

불성이 당당하게 드러났으나
성품에 머물러서 정이 있으면 보기 어렵다
중생이 나라 할 것도 없음을 깨달으면
내 얼굴과 부처의 얼굴 무엇이 다르랴

礙處非牆壁
通處勿虛空
若人如是解
心色本來同
又偈曰。
佛性堂堂顯現
住性有情難見
若悟衆生無我
我面何殊佛面

어떤 승려가 물었다.

"제6식[15]과 제7식[16]과 제8식[17]은 끝내 본체가 없거늘 어찌하여 제8식을 굴리어 대원경지(大圓鏡智)를 이룬다 하십니까?"

대사가 게송으로 대답하였다.

7식은 온통인 것이 가려짐으로써 생겨나고
온통인 것이 가려짐으로 인해 7식이 생겨 지속하나
온통인 것이 가려진다 하나 가려진다 하면 또한 가려짐이어서
6식, 7식이라 하나 영원히 변천한 적 없다.

僧問。第六第七識及第八識畢竟無體。云何得名轉第八為大圓鏡智。師有偈曰。

七生依一滅
一滅持七生
一滅滅亦滅
六七永無遷

15) 제6식 : 육근(六根)에 의해 대상을 깨닫는 여섯 가지 작용. 안식(眼識),이식(耳識),비식(鼻識),설식(舌識),신식(身識),의식(意識)을 말한다.

16) 제7식 : 경계〔대상〕를 능히 밝게 인식하여 구별하는 식. 대상과 나 사이에 중간 역할을 하며 모든 식에서 중간 역할을 하므로 중매식(仲媒識)이라고도 한다.

17) 제8식 : 모든 법을 펴서 여는데 있어 의지할 바탕이 되는 근본 마음인 식이다.

또 어떤 승려가 물었다.

"지렁이를 두 토막으로 끊을 때 두 토막이 모두 움직이니 불성이 어느 쪽에 있습니까?"

대사가 말하였다.

"망상은 해서 무엇 하겠는가?"

"꿈틀거리는데 어찌하겠습니까?"

"그대는 어찌 불과 바람 기운이 아직 흩어지지 않은 것을 모르는가?"

어떤 승려가 물었다.

"어찌하여야 산하와 국토를 돌이켜 자기에게 돌아가게 하겠습니까?"

대사가 말하였다.

"어찌하여야 자기를 돌이켜 산하와 국토가 되게 하겠는가?"

"알지 못하겠습니다."

"호남성(湖南城) 밑에 백성 살기가 좋으니, 쌀값이 싸고 땔감이 풍족하여 사방의 이웃이 만족하느니라."

又有僧問。蚯蚓斷為兩段兩頭俱動未審佛性在阿那頭。師云。妄想作麼。僧云。爭奈動何。師云。汝豈不知火風未散。僧問。如何轉得山河國土歸自己去。師云。如何轉得自己成山河國土去。僧云。不會。師云。湖南城下好養民。米賤柴多足四隣。

그 승려가 말이 없으니 대사가 게송을 말하였다.

산하를 돌이킨다고 누가 묻는가
산하를 돌이켜 향하는 것이 누구던가
두렷이 통하여 두 언덕이 없으니
법성은 본래 돌아감이 없느니라

『화엄경』을 강의하는 어떤 대덕이 물었다.
"허공이 분명히 있는 것입니까, 없는 것입니까?"
대사가 말하였다.
"있다 하여도 되고 없다 하여도 되니, 허공이 있다 할 때는 다만 거짓 있음으로 있고, 허공이 없다 할 때는 거짓 없음마저 없다."
"화상께서 말씀하시는 바는 어떤 경전에 있는 말씀입니까?"

其僧無語。師有偈曰。
誰問山河轉
山河轉向誰
圓通無兩畔
法性本無歸
講華嚴大德問。虛空為是定有為是定無。師曰。言有亦得言無亦得。虛空有時但有假有。虛空無時但無假無。云如和尚所說有何教文。

대사가 말하였다.

“대덕은 듣지 못했는가? 『수능엄경』에 ‘시방 허공이 그대의 마음 안에서 생기는 것이 마치 조각구름이 푸른 하늘에 떠 있는 것과 같다.’라고 하였으니, 이 어찌 허공이 생긴다 할 때에도 다만 거짓 이름만 생기는 것이 아니겠는가? 또 ‘너희들 한 사람이 참 마음을 일으키어 근원에 돌아가면 시방 허공이 전부 사라진다.’라고 하였으니, 이 어찌 허공이 사라질 때에 거짓 이름마저 사라지는 것이 아니겠는가? 그러므로 내가 말하기를 있음은 거짓 있음이요, 없음은 거짓 없음이라 하였다.”

대덕이 다시 물었다.

“경에 이르기를 ‘맑은 유리 안에 순금 형상이 나타났다.’라고 하니 그 뜻이 어떠합니까?”

“깨끗한 유리를 법계의 본체라 하고 순금 형상을 무루지혜의 본체라 한 것이니, 본체에서 지혜가 나고 지혜로써 본체에 사무치니라. 그러므로 이르기를 ‘맑은 유리 안에 순금 형상이 나타난 것 같다.’라고 하였느니라.”

師曰。大德豈不聞。首楞嚴經云。十方虛空生汝心內。猶片雲點太清裏。豈不是虛空生時但生假名。又云。汝等一人發真歸元。十方虛空皆悉消殞。豈不是虛空滅時但滅假名。老僧所以道。有是假有無是假無。又問。經云。如淨瑠璃中內現真金像此意如何。師曰。以淨瑠璃為法界體。以真金像為無漏智體。體能生智智能達體。故云如淨瑠璃中內現真金像。

대덕이 물었다.

"어떤 것이 상상인(上上人)[18]이 행할 곳입니까?"

대사가 말하였다.

"죽은 사람의 눈과 같다."

"상상인이 마주볼 때에는 어떠합니까?"

"죽은 사람의 손과 같다."

"선재 동자는 어찌하여 한량없는 겁 동안에 보현의 몸 안에 있는 세계를 돌아다녀도 두루하지 못했습니까?"

"그대도 한량없는 겁 동안에 돌아다녔는데 두루하였는가?"

"어떤 것이 보현의 몸입니까?"

"함원전(含元殿)[19] 안에서 장안(長安)을 찾는구나."

"어떤 것이 학인의 마음입니까?"

"시방세계가 온통 그대의 마음이니라."

"그렇다면 학인은 몸을 붙일 곳이 없겠습니다."

問如何是上上人行處。師曰。如死人眼。云上上人相見時如何。師曰。如死人手。問善財為什麼無量劫遊普賢身中世界不遍。師曰。你從無量劫來還遊得遍否。云。如何是普賢身。師曰。含元殿裏更覓長安。問如何是學人心。師曰。盡十方世界是你心。云。恁麼則學人無著身處也。

---

18) 상상인(上上人) : 모든 계위(階位)를 초월한 이.

19) 함원전(含元殿) : 장안에 있는 대궐.

대사가 말하였다.

“이것이 그대의 몸 붙일 곳이니라.”

대덕이 물었다.

“어떤 것이 몸 붙일 곳입니까?”

“큰 바다의 물이 깊고 또 깊으니라.”

“학인이 잘 모르겠습니다.”

“고기와 용이 마음대로 들락날락, 오르락내리락 하느니라.”

대덕이 물었다.

“어떤 사람이 물으면 화상께서 인연 따라 대답해 주시겠지만, 전혀 아무도 묻지 않을 때에는 어찌하시겠습니까?”

대사가 말하였다.

“곤하면 잠을 자고, 피로가 풀리면 일어난다.”

“저더러 어느 곳에서 알라 하십니까?”

“여름에는 벌거벗고, 겨울에는 추우면 반드시 이불을 덮어라.”

“죽은 승려는 어디로 갑니까?”

대사가 게송으로 말하였다.

師曰。是你著身處。云。如何是著身處。師曰。大海水深又深。云。學人不會。師曰。魚龍出入任升沈。問有人問和尚即隨因緣答。總無人問和尚如何。師曰。困即睡健即起。云。教學人向什麼處會。師曰。夏天赤骨力。冬寒須得被。問亡僧什麼處去也。師有偈云。

금강의 몸을 모르고
도리어 인연으로 생겼다 하는구나
시방이 참으로 적멸한데
누가 있고 또한 누가 가랴

남전의 초상화에 찬(讚)[20]을 부쳤다.

당당한 남전이여
삼세의 근원이니
금강처럼 상주하여
시방에 가없네
부처 나심이 다함 없음이여
나투셨다 복귀하셨네

不識金剛體	堂堂南泉
却喚作緣生	三世之源
十方真寂滅	金剛常住
誰在復誰行	十方無邊
南泉有真讚云。	生佛無盡
	現已却還

20) 찬(讚) : 인물이나 사물을 기리어 칭찬하는 글.

남전이 오래 머물다가 크게 깨닫고〔投機〕[21] 지은 게송

오늘에야 고향에 와 큰 문에 드니
남전이 도(道)와 친해 건곤에 두루했네
모든 법이 분명하여 모두가 조부로다
머리 돌이켰다 하면 후손에게 매우 부끄럽도다

대사가 이에 화답하였다.

南泉久住投機偈。
今日還鄉入大門
南泉親道遍乾坤
法法分明皆祖父
迴頭慚愧好兒孫
師答曰。

21) 투기(投機) : 원문의 투기(投機)는 불조의 마음과 기틀에 계합하여 철저하고 크게 깨달은 것을 뜻한다.

오늘에 크게 깨달은 일, 논하지 마시오
남전이여, 건곤에 두루했다 말하지도 말게
고향에 돌아오니 후손들마저 일 마쳤거늘
조부는 본래 문에 든 적도 없다네

대사가 또 수행하는 이에게 권하는 게송을 지어 보였다.

만 길 장대 끝에서도 쉬지를 못해
당당한 길 있으나 노니는 이 적구려
선사들아, 남전처럼 깨닫기를 원하는가
눈에 가득한 청산이 온통 가을이구나

今日投機事莫論
南泉不道遍乾坤
還鄉盡是兒孫事
祖父從來不入門
師又有勸學偈云。
萬丈竿頭未得休
堂堂有路少人遊
禪師願達南泉去
滿目青山萬萬秋

임제(臨濟) 화상이 '붉은 살덩이 위에 지위 없는 참 사람이 있다.'라고 한 말에 대하여 대사가 게송을 지어 보였다.

만법이 한결같아 가릴 필요 없으니
한결같거늘 누가 가리고 누가 가리지 않으랴
바로 지금의 생사가 본래 보리이니
삼세의 여래와 같은 눈이라네

대사가 사람들이 소나무와 대나무를 꺾는 짓을 경계하는 게송을 지었다.

因臨濟和尚云。赤肉團上有無位真人。師乃有偈云。
萬法一如不用揀
一如誰揀誰不揀
即今生死本菩提
三世如來同箇眼
師誡人斫松竹。偈云

천 년 묵은 대와 만 년 묵은 솔이여
가지마다 잎마다 모두가 동일하네
사방의 현묘함을 수행하는 이들에게 말하니
손을 까딱만 해도 조사의 공안 범함 아님 없네

千年竹萬年松
枝枝葉葉盡皆同
為報四方玄學者
動手無非觸祖公

토끼뿔

ᨖ 어떤 수재(秀才)가 『불명경』을 보다가 "백 천의 모든 부처님께서 다만 그 명호만 보이시니, 어느 국토에서 거주하시는지, 여전히 교화는 하시는지 모르겠습니다." 라고 물었는데

대원이라면 "했다." 하고
"어디서 했습니까?" 하면
"어디서는 그만두고 했으면 했다 했겠느냐?" 하리라.

ᨖ 어떤 승려가 묻기를 "지렁이를 두 토막으로 끊으면 두 토막이 모두 움직이는데 불성이 어느 쪽에 있습니까?" 했을 때

대원은 "두 토막이 움직여 누설했느니라." 하고
조금 있다가 말하기를
"또다른 생명들이 지렁이의 뒤를 따르는 중이니라." 하리라.

ὣ "석두가 6조를 뵌 일을 묻는 것이 아닙니다. 남전이 천화한 뒤에 어디로 갔습니까?" 하니 "그놈으로 잘 생각하여 찾아라." 했을 때

대원은 "말뚝 속에 벌레니라." 하리라.

ὣ "어떤 것이 학인의 마음입니까?" 하니 "시방세계가 온통 그대의 마음이니라." 했는데

옳기는 옳으나, 대원은 그렇게 하지 않고
"빨래줄 위 제비니라." 했을 것이다.
"험."

형남(荊南) 백마(白馬) 담조(曇照) 선사

담조 선사는 항상 "즐겁다, 즐겁다." 말하더니, 임종할 때에는 "괴롭다, 괴롭다." 하였다. 또 "염라대왕이 나를 잡으러 왔구나." 라고 말하였다.

원주(院主)가 물었다.

"화상께서는 예전에 절도사(節度使)가 물속으로 던지는 일을 당하여도 얼굴빛 하나 변치 않으시더니, 오늘은 왜 이러십니까?"

대사가 목침을 들고 말하였다.

"너는 나의 그때가 옳다 생각하느냐, 지금이 옳다 생각하느냐?"

원주가 대답이 없었다.[22]

荊南白馬曇照禪師。常云。快活快活。及臨終時叫苦苦。又云。閻羅王來取我也。院主問曰。和尚當時被節度使抛向水中神色不動。如今何得恁麼地。師舉枕子云。汝道當時是如今是。院主無對(法眼代云。此時但掩耳出去)。

22) 법안(法眼)이 대신 말하기를 "그때에 다만 귀를 가리고 나갔어야 한다." 하였다. (원주)

토끼뿔

백마 선사의 즐겁다여 대왕의 갓끈이요
백마의 괴롭다여 왕비의 옥비녀며
갓끈과 옥비녀여 하인의 짚신일세

종남산(終南山) 운제(雲際) 사조(師祖) 선사

사조 선사가 처음에 남전에 있을 때 물었다.

"마니구슬을 사람이 알지 못하는데, 여래장 안에서 친히 얻을 수 있다고 하니 어떤 것이 여래장입니까?"

남전이 말하였다.

"그대와 같이 오고가는 것이 여래장이니라."

"오고가지 않을 때에는 어떠합니까?"

"그것도 여래장이니라."

"어떤 것이 구슬입니까?"

남전이 불렀다.

"사조여."

대사가 대답하니 남전이 말하였다.

"가거라. 그대는 내 말을 모르는구나."

대사가 이 말에 깨달았다.

終南山雲際師祖禪師。初在南泉時。問云。摩尼珠人不識。如來藏裏親收得。如何是藏。南泉云。與汝來往者是藏。師云。不來往者如何。南泉云。亦是藏。又問。如何是珠。南泉召云。師祖。師應諾。南泉云。去汝不會我語。師從此信入。

토끼뿔

"마니구슬을 사람이 알지 못하는데, 여래장 안에서 친히 얻을 수 있다고 하니 어떤 것이 여래장입니까?" 하니 "그대와 같이 오고가는 것이 여래장이니라." 했는데

대원은 "어떤 것이 여래장입니까?" 했을 때
"양귀비의 창고니라." 하리라.

등주(鄧州) 향엄(香嚴) 하당(下堂) 의단(義端) 선사

의단 선사가 대중에게 보이고 말하였다.

"형제들이여, 피차 깨닫지 못했다면 서로 헤아리고 따질 일이 무엇이 있으랴. 내가 보름날 밝히리라.

지금의 수행자들이여, 모름지기 지금 깨달아야 한다. 일체를 초월했다는 것마저 세우지 않는 경지의 사람들의 일없음을 흠모하지도 말라.

수행자들이 아무리 갖가지 서로 다른 이론을 배웠다 하여도 마침내 자기의 깨달은 견해를 대신할 수 없으니, 결국에는 노력해야 한다. 공연히 남의 교묘한 구절이나 기억해 두면 오히려 어지러움만 더할 뿐이다.

鄧州香嚴下堂義端禪師。示眾云。兄弟彼此未了有。什麼事相共商量。我三五日即發去也。如今學者須了却今時。莫愛他向上人無事。兄弟縱學得種種差別義路。終不代得自己見解。畢竟著力始得。空記持他巧妙章句。即轉加煩亂去。

그대들이 만일 상응(相應)하기를 원한다면 다만 삼가하여 삼가했다는 것마저 다해서 털끝만치라도 머무르지 않아야 바야흐로 허공과 약간 비슷하리니, 허공은 사슬이 없고, 벽도 없으며, 형체도 없고, 마음이라 하는 것도 없기 때문이니라."

어떤 승려가 물었다.

"옛사람이 서로 만날 때에는 어떠했습니까?"

대사가 말하였다.

"나는 옛사람을 만난 적이 없다."

"지금 혈맥이 끊어지지 않는 곳에서 어떻게 우러러 흠모합니까?"

"우러러 흠모할 곳이 어디인가?"

"저는 쓸데없는 일은 묻지 않겠으니 청컨대 화상께서 대답해 주십시오."

"나에게서 무엇을 더 찾는가?"

汝若欲相應。但恭恭盡莫停留纖毫直似虛空方有少分。以虛空無鎖無壁落無形無心眼。有僧問。古人相見時如何。師云。老僧不曾見他古人。僧云。今時血脈不斷處如何仰羨。師云。有什麼仰羨處。僧問云。某甲不問閑事。請和尚答話。師云。更從我覓什麼。

승려가 말하였다.

“쓸데없는 일을 위하는 것이 아닙니다.”

“말할 수 있게 그대가 나를 가르쳐라.”

대사가 또 말하였다.

“수행자들이여, 부처도 티끌이요 법도 티끌이니, 종일토록 치달려 구해도 쉴 자리가 어디 있으리오. 다만 시시각각 정(情)에 걸리지 마라. 정이 물건에 걸리지 않으면 선을 취할 것도 없고 악을 버릴 것도 없으니, 그 올가미에 걸리지 않아야 비로소 배울 곳이라 하리라.”

어떤 승려가 물었다..

“제가 일찍이 한 노숙(老宿)을 하직하니 그가 저에게 말하기를 ‘가거든 어진 벗을 가까이하고 도반을 따르라.’라고 하였는데, 그 노숙의 뜻이 무엇이겠습니까?”

그리고는 막 절을 하려는데, 대사가 말하였다.

“절은 마음대로 할지라도 종을 상전으로 잘못 알지는 말라.”

僧云。不為閑事。師云。汝教我道。師又云。兄弟佛是塵法亦是塵。終日馳求有什麼休歇。但時中不用掛情。情不掛物。無善可取無惡可棄。莫教被他籠罩著。始是學處。有僧云。曾辭一老宿示某甲云。去則親良朋附道友。未審老宿意旨如何。纔禮拜次師云。禮拜一任不得認奴作郎。

어떤 승려가 물었다.

"어떤 것이 바로 근원에서 끊는 것입니까?"

대사가 주장자를 던지고 방장실로 들어가 버렸다.

어느 날 대사가 대중에게 말하였다.

"말을 하면 비방하는 것이요, 잠잠히 있으면 기만하는 것이나, 잠잠히 있음과 말함에도 일체를 초월했다는 것마저도 세우지 않는 길이 있다. 그러나 노승의 입으로는 부족해서 그대들에게 이야기할 수 없구나."

그리고는 곧 법당에서 내려왔다.

어떤 승려가 물었다.

"일구(一句)란 어떠한 것입니까?"

대사가 말하였다.

"여기에는 일구라는 것마저 없느니라."

僧問。如何是直截根源。師乃擲下拄杖入方丈。一日師謂眾曰。語是謗寂是誑。寂語向上有路在。老僧口門窄。不能與汝說得。便下堂。僧問。一句子如何。師云。此間一句亦無。

어떤 승려가 물었다.

"바른 인연〔正因〕이라면 어찌하여 일이 없다고 하십니까?"

대사가 말하였다.

"나는 일찍이 머무른 적도 없다."

또 말하였다.

"설사 거듭거듭 깎고 다듬어서 깨끗하게 하더라도 전혀 머무름이 없고, 방편으로 베풀어 설할지라도 역시 방편으로 사람을 제접했을 뿐이다. 만일 중생사(衆生事)가 있다 하면 옳지 않다.

僧問。正因為什麼無事。師云。我不曾停留。又云。假饒重重剝得淨盡無停留。權時施設亦是方便接人。若是那邊事無有是處。

토끼뿔

"일구란 어떤 것입니까?" 했을 때

대원은 "채소밭 일이 바쁘니 거들려면 따라나 오게." 하고 밭으로 갔을 것이다.

조주(趙州) 관음원(觀音院)[23] 종심(從諗) 선사

종심 선사[24]는 조주(曹州) 학향 사람으로 성은 학(郝)씨이다. 어릴 때에 고향의 호통원(扈通院)에서 스승에 의해 머리를 깎았으나, 계는 받지 않고 있다가 바로 지양으로 가서 남전을 뵈었다.

때마침 남전이 누워서 쉬다가 물었다.

"요즘 어디서 떠났는가?"

대사가 대답하였다.

"서상원(瑞像院)에서 떠났습니다."

"서상(瑞像)을 본 적이 있는가?"

"서 있는 서상은 보지 못했고, 누워 있는 여래만을 보았습니다."

"너는 주인이 있는 사미냐, 주인이 없는 사미냐?"

"주인이 있는 사미입니다."

"주인이 어디 있느냐?"

趙州觀音院(亦日東院)從諗禪師。曹州郝鄕人也。姓郝氏。童稚於本州扈通院。從師披剃未納戒。便抵池陽參南泉。値南泉偃息而問曰。近離什麼處。師曰。近離瑞像院。曰還見瑞像麼。師曰。不見立瑞像只見臥如來。曰汝是有主沙彌無主沙彌。師曰。有主沙彌。曰主在什麼處。

---

23) 또는 동원이라고도 한다. (원주)

24) 종심 선사(778 ~ 897).

대사가 대답하였다.

"겨울 날씨가 차가운데 화상께서는 존체만안 하십시오."

남전이 법기로 여기어 입실을 허락하였다.

다른 날 남전에게 물었다.

"어떤 것이 도입니까?"

"평상심이 도이니라."

"향해 나아갈 수 있습니까?"

"향하려 하면 벌써 어긋난다."

"향하려고도 하지 않을 때에는 어떻게 도인 줄 압니까?"

남전이 말하였다.

"도는 알고 모르는 데 속하지 않으니 아는 것은 허망한 깨달음이요, 알지 못함은 무기(無記)[25]이다. 만일 의심치 않는 도를 참답게 통달하면 마치 태허와 같이 가없어 이러-히 비어 넓은데, 어찌 억지로 시비를 일으키리오."

師曰。仲冬嚴寒伏惟和尚尊體萬福。南泉器之而許入室。異日問南泉。如何是道。南泉曰。平常心是道。師曰。還可趣向否。南泉曰。擬向即乖。師曰。不擬時如何知是道。南泉曰。道不屬知不知。知是妄覺不知是無記。若是真達不疑之道。猶如太虛廓然虛豁。豈可強是非耶。

---

25) 무기(無記) : 참선을 하거나 고요를 즐기는 사람이 아무런 생각 없이 마치 잠든 듯 자신도 모르는 상태에 빠져 있는 것. 이런 상태에 계속 머물면 광식물로 윤회한다.

대사가 그 말에 이치를 깨닫고, 바로 숭악(嵩嶽)의 유리단(瑠璃壇)에 가서 계를 받은 뒤 다시 남전에게 돌아왔다.

다른 날 남전에게 물었다.
"근본을 아는 사람은 어느 곳을 향해 쉬겠습니까?"
남전이 말하였다.
"산 밑에 가서 소가 되느니라."
"잘 일러주셔서 감사합니다."
"지난 밤 삼경에 달이 창에 비치더라."

대사가 화두(火頭)[26]를 맡았는데 어느 날 문을 닫고 불을 때서 절 안에 연기가 가득하게 해놓고 소리쳤다.
"불이야, 불이야."
이때에 대중이 모두 달려오니 대사가 말하였다.

師言下悟理。乃往嵩嶽瑠璃壇納戒。却返南泉。異日問南泉。知有底人向什麼處休歇。南泉云。山下作牛去。師云。謝指示。南泉云。昨夜三更月到窓。師作火頭。一日閉却門燒滿屋煙。叫云。救火救火。時大衆俱到。師云。

26) 화두(火頭) : 절에서 등불을 맡아 보는 소임.

"말하면 문을 열어 주리라."

대중이 아무도 대답하는 이가 없자 남전이 열쇠를 가지고 와서 창틈으로 넘겨주니, 대사가 얼른 문을 열었다.

또, 황벽(黃檗)에 가니 황벽이 대사가 오는 것을 보고 얼른 방장실의 문을 닫았다. 대사가 횃불을 법당 안으로 들고 들어가서 외쳤다.

"불이야, 불이야."

황벽이 문을 열고 나와 꽉 붙들고 물었다.

"말해 봐라, 말해 봐라."

대사가 말하였다.

"도적이 떠난 뒤에 활을 당기는군."

또, 보수(寶壽)에게 가니, 보수는 대사가 오는 것을 보고 선상 위에서 돌아앉았다. 대사가 방석을 펴고 절을 하자, 보수가 선상에서 내려오니, 대사는 나와 버렸다.

道得即開門。衆皆無對。南泉將鎖於窓間過與師。師便開門。又到黃檗。黃檗見來便閉方丈門。師乃把火於法堂內叫云。救火救火。黃檗開門捉住云。道道。師云。賊過後張弓。又到寶壽。寶壽見來即於禪床上背面坐。師展坐具禮拜。寶壽下禪床。師便出。

또, 염관(鹽官)에 가서 말하였다.

"화살을 보라."

염관이 말하였다.

"지나갔다."

대사가 말하였다.

"적중했구나."

또 협산(夾山)에게 가서 주장자를 들고 법당으로 들어가니 협산이 말하였다.

"무엇을 하는가?"

대사가 말하였다.

"물을 더듬어 찾는 중이오."

"한 방울도 없는데 무엇을 더듬어 찾는다는 것인가?"

대사가 주장자를 짚고 나와 버렸다.

대사가 오대산(五臺山) 구경을 가려 하는데 어떤 대덕이 게송을 지어 만류하였다.

又到鹽官云。看箭。鹽官云。過也。師云。中也。又到夾山將拄杖入法堂。夾山曰。作麼。師曰。沁水。夾山曰。一滴也無沁什麼。師倚杖而出。師將遊五臺山次。有大德作偈留云。

어느 곳 청산인들 도량이 아니기에
구태여 지팡이 짚고 청량에 가려는가
구름 속에 황금털이 나타난다 해도
바른 눈으로 관할 때는 길상이 아니네

대사가 물었다.

"어떤 것이 바른 눈입니까?"

대덕이 대답이 없었다.[27)]

대사의 도가 이로부터 북쪽 지방에 퍼지니 대중이 조주 관음원의 주지로 청하였다.

何處青山不道場
何須策杖禮清涼
雲中縱有金毛現
正眼觀時非吉祥

師曰。作麼生是正眼。大德無對(法眼代云。請上座領某甲卑情。同安顯代云。是上座眼)。師自此道化被於北地。衆請住趙州觀音。

27) 법안(法眼)이 대신 말하기를 "상좌는 나의 뜻을 알아주시오." 하였다.
동안현(同安顯)이 대신 말하기를 "이것이 상좌의 눈일세." 하였다. (원주)

법상에 올라 대중에게 말하였다.

“밝은 구슬이 손바닥에 있어 붉은 것이 오면 붉은 것을 나타내고 푸른 것이 오면 푸른 것을 나타낸다. 내가 한 가지 풀을 가지고 장육금신(丈六金身)[28]의 작용으로 삼고, 장육금신을 가지고 한 가지 풀의 작용으로 삼으니 부처가 번뇌요, 번뇌가 부처이다.”

이때에 어떤 승려가 물었다.

“부처인데, 누구 집의 번뇌입니까?”

대사가 말하였다.

“일체 사람의 번뇌니라.”

승려가 말하였다.

“어찌하여야 면하겠습니까?”

대사가 말하였다.

“면해서 무엇에 쓰려는가?”

上堂示眾云。如明珠在掌。胡來胡現漢來漢現。老僧把一枝草為丈六金身用。把丈六金身為一枝草用。佛是煩惱煩惱是佛。時有僧問。未審佛是誰家煩惱。師云。與一切人煩惱。僧云。如何免得。師云。用免作麼。

28) 장육금신(丈六金身) : 부처님의 몸.

대사가 마당을 쓰는데 어떤 사람이 물었다.
"화상께서는 선지식이거늘 어찌하여 티끌이 있습니까?"
대사가 말하였다.
"밖에서 왔다."
"청정한 가람에 어찌하여 티끌이 있습니까?"
"또 한 점을 더했구나."

또 어떤 사람이 대사와 정원을 거닐다가 토끼가 놀라 뛰는 것을 보고 물었다.
"화상께서는 큰 선지식인데 어찌하여 토끼가 보고 놀랍니까?"
대사가 말하였다.
"내가 살생을 좋아했기 때문이다."

어떤 승려가 물었다.
"깨달음의 꽃이 피기 전에는 어떻게 진실함을 판단하겠습니까?"

師掃地。有人問云。和尚是善知識為什麼有塵。師曰。外來。又僧問。清淨伽藍為什麼有塵。師曰。又一點也。又有人與師遊園見兔子驚走。問云。和尚是大善知識為什麼兔子見驚。師云。為老僧好殺。僧問。覺華未發時如何辨眞實。

대사가 말하였다.

"피었다."

승려가 말하였다.

"이러-히 참답고 이러-히 실답습니다."

"참다우면 이러-히 실답고, 실다우면 이러-히 참다우니라."

"어떤 사람의 분수의 일입니까?"

대사가 말하였다.

"나에게도 분수가 있고, 그대에게도 분수가 있다."

"저는 받아들일 수 없는데 어떻습니까?"

대사가 못들은 체 하자 승려가 말이 없으니, 대사가 말하였다.

"가거라."

대사의 절에 있는 돌깃대가 바람에 부러졌는데 어떤 승려가 물었다.

"다라니 깃대가 범부가 되었습니까, 성인이 되었습니까?"

대사가 말하였다.

"범부가 되지도 않았고 성인이 되지도 않았느니라."

師云。開也。僧云。是眞是實。師云。眞是實實是眞。僧云。什麽人分上事。師云。老僧有分闍梨有分。僧云。某甲不招納如何。師佯不聞。僧無語。師云去。師院有石幢子被風吹折。僧問。陀羅尼幢子作凡去作聖去。師云。也不作凡亦不作聖。

승려가 물었다.
"끝내 무엇이 되었습니까?"
"바탕에 귀착했느니라."

대사가 어떤 좌주에게 물었다.
"무슨 경을 강의하는가?"
"『열반경』을 강의합니다."
"한 대목 물어도 좋겠는가?"
"좋습니다."
대사가 허공을 차고 한 번 '후'하고 분 뒤에 물었다.
"이건 무슨 뜻인가?"
"경에는 그런 뜻이 없습니다."
대사가 말하였다.
"5백 역사(力士)가 돌을 치우는 뜻인데 없다고 하는군."[29]

僧云。畢竟作什麼。師云。落地去也。師問一座主。講什麼經。對云。講涅槃經。師云。問一段義得否。云。得。師以脚踢空吹一吹云。是什麼義。座主云。經中無此義。師云。五百力士揭石義便道無。

29) 『열반경』에 "5백 역사가 길을 닦는데 돌 하나를 치우지 못했다. 이때에 부처님께서 발로 차고 입으로 부시니 먼지 같이 날아갔다."라고 하였다.

대중이 저녁 문안을 하러 오니 대사가 말하였다.

"오늘 저녁에 대답을 해주겠으니 물을 것이 있는 이는 나와라."

그때 어떤 승려가 나와서 절을 하니 대사가 말하였다.

"벽돌을 던져 옥을 낚으려 했는데 아직 굽지 않은 날벽돌을 얻었구나."[30]

어떤 승려가 오대산에 가다가 한 노파에게 물었다.

"오대산 가는 길이 어디오?"

大衆晚參師云。今夜答話去也有解問者出來。時有一僧便出禮拜。師云。比來抛磚引玉。却引得箇墼子(保壽云。射虎不真徒勞沒羽。長慶問覺上座云。那僧纔出禮拜。為什麼便收伊為墼子。覺云。適來那邊亦有人恁麼問。慶云。向伊道什麼。云也向伊恁麼道。玄覺云。什麼處却成墼子去。叢林中道纔出來便成墼子。只如每日出入行住坐臥。不可總成墼子也。且道。這僧出來具眼不具眼)。有僧遊五臺。問一婆子云。臺山路向什麼處去。

---

30) 보수(保壽)가 말하기를 "진짜 범은 쏘지 못하고 헛되이 화살만 소비했구나." 하였다.
장경(長慶)이 각(覺) 상좌에게 묻기를 "그 승려가 나와서 절을 했는데 왜 승려를 날벽돌이라고 했을까?" 하니, 각 상좌가 말하기를 "아까부터 저쪽에도 그렇게 묻는 이가 있었소." 하였다. 장경이 묻기를 "그에게 무어라 했는가?" 하니, 각 상좌가 대답하기를 "그에게도 그렇게 대답했소." 하였다.
현각(玄覺)이 말하기를 "어느 곳에서 날벽돌이 되었는가? 총림(叢林)에서는 나서기만 하면 날벽돌이 된다고 하니 매일같이 나고 들고 다니고 멈추고 앉고 눕는 이들이 모두가 날벽돌일 수는 없다. 말해 봐라. 그 승려가 나온 것이 안목을 갖춘 것인가, 안목을 갖추지 못한 것인가?" 하였다. (원주)

노파가 말하였다.

"곧장 가시오."

그 승려가 곧 가니, 노파가 말하였다.

"또 저렇게 가는군."

그 승려가 대사에게 와서 이야기하니 대사가 말하였다.

"내가 가서 노파를 점검할 테니 기다려 봐라."

대사가 이튿날 가서 노파에게 물었다.

"오대산 가는 길이 어디오?"

"곧장 가시오."

대사가 곧 가니, 노파가 말하였다.

"또 저렇게 가는군."

대사가 절에 돌아와서 그 승려에게 말하였다.

"내가 그대를 위해 그 노파를 점검해 마쳤느니라."[31)]

婆子云。驀直去。僧便去。婆子云。又恁麼去也。其僧擧似師。師云。待我去勘破這婆子。師至明日便去問。臺山路向什麼處去。婆子云。驀直去。師便去。婆子云。又恁麼去也。師歸院謂僧云。我為汝勘破這婆子了也(玄覺云。前來僧也恁麼道。趙州去也恁麼道。什麼處是勘破婆子。又云。非唯被趙州勘破。亦被這僧勘破)。

---

31) 현각(玄覺)이 말하기를 "앞의 승려가 갈 때에도 그렇게 말했고, 조주가 갈 때에도 그렇게 말했으니 어디가 그 노파를 점검해 마친 곳인가?" 또 말하기를 "조주의 점검을 받았을 뿐 아니라 그 승려의 점검까지 받았구나." 하였다. (원주)

어떤 승려가 물었다.

"이렇게 온 사람도 스님께서 제접하시겠습니까?"

대사가 말하였다.

"제접한다."

"이렇게 오지 않은 사람도 스님께서 제접하십니까?"

"제접한다."

"이렇게 오는 이는 스님께서 제접해도 되겠지만 이렇게 오지 않은 이야 어떻게 제접하시겠습니까?"

"그만두어라, 그만두어라. 말할 필요가 없다. 나의 법은 묘하여 헤아리기 어렵다."

대사가 절을 떠나 길을 가다가 한 노파를 만났는데, 그 노파가 물었다.

"화상께서는 어느 절에 계십니까?"

僧問。恁麼來底人師還接否。師云接。僧云不恁麼來底師還接否。師云接。僧云。恁麼來者從師接。不恁麼來者如何接。師云。止止不須說我法妙難思。師出院路逢一婆子。問和尚住什麼處。

대사가 말하였다.

"조주 동원(東院)의 서쪽이라오."

노파가 대답이 없었다.

대사가 절에 돌아와서 여러 승려들에게 물었다.

"응당 어느 서(西)자를 써야 했겠는가?"[32]

혹은 동서라고 할 때의 '서쪽 서(西)'자를 말했어야 한다고 하기도 하고, 혹은 '머무를 서(棲)'자를 말했어야 한다고 하기도 하였다.

대사가 말하였다.

"그대들은 모두 소금과 철을 관리하는 판관은 되겠구나."

승려가 말하였다.

"화상께서는 어찌하여 그렇게 말씀하십니까?"

"그대들 모두가 글이나 잘 알기 때문이다."[33]

師云。趙州東院西。婆子無語。師歸院問眾僧。合使那箇西字。或言東西字。或言棲泊字。師曰。汝等總作得鹽鐵判官。僧曰。和尚為什麼恁麼道。師曰。為汝總識字(法燈別眾僧云。已知去處)。

---

32) 중국어에서는 '머무를 서(棲)'와 '서쪽 서(西)'자가 발음이 똑같다.

33) 법등(法燈)이 여러 승려들을 대신하여 따로 말하기를 "이미 갈 곳을 알고 있습니다." 하였다. (원주)

어떤 승려가 물었다.

"어떤 것이 주머니 속의 보배입니까?"

"입을 다물어라."[34)]

어떤 승려가 새로 와서 대사에게 말하였다.

"제가 장안에서 왔는데 주장자 하나를 옆으로 메었으나 한 사람도 건드리지 않았습니다."

대사가 말하였다.

"그것은 대덕의 주장자가 짧기 때문이겠지."[35)]

승려가 대답이 없었다.[36)]

僧問。如何是囊中寶。師云。合取口(法燈別云。莫說似人)。有新到僧。謂師曰。某甲從長安來。橫擔一條拄杖。不曾撥著一人。師曰。自是大德拄杖短(同安顯別云。老僧這裏不曾見恁麼人)。僧無對(法眼代云。呵呵。同安顯代云。也不短)。

34) 법등(法燈)이 따로 말하기를 "남에게 이야기하지 마시오." 하였다. (원주)

35) 동안현(同安顯)이 따로 말하기를 "노승은 일찍이 이런 사람을 본 적이 없다." 하였다. (원주)

36) 법안(法眼)이 대신 말하기를 "하하." 하였다.
동안현(同安顯)이 대신 말하기를 "짧지도 않다." 하였다. (원주)

어떤 승려가 대사의 초상을 그려서 바치니 대사가 말하였다.

"이것이 나를 닮았다는 것이냐, 나를 닮지 않았다는 것이냐? 나를 닮았거든 나를 때려죽여라. 나를 닮지 않았거든 그 초상화를 태워버려라."

승려가 대답이 없었다.[37]

대사가 부싯돌을 치며 승려에게 물었다.

"나는 이를 불이라 하는데 그대는 무어라 하겠는가?"

그 승려가 말이 없으니 대사가 말하였다.

"현묘한 이치를 모르면 공연히 고요함만을 생각하니 수고로울 뿐이다."[38]

有僧寫得師真呈師。師曰。且道似我不似我。若似我即打殺老僧。不似我即燒却真。僧無對(玄覺代云。留取供養)。師敲火問僧云。老僧喚作火。汝喚作什麼。僧無語。師云。不識玄旨徒勞念靜(法燈別云。我不如汝)。

37) 현각(玄覺)이 대신 말하기를 "두고두고 공양하겠습니다." 하였다. (원주)
38) 법등(法燈)이 따로 말하기를 "나는 그대와 같지도 않다." 하였다. (원주)

새로 온 승려가 와서 뵈니 대사가 물었다.

"어디서 오는가?"

"남방에서 옵니다."

"불법이 모두 남방에 다 있는데 그대는 무엇 하러 이쪽으로 왔는가?"

"불법이 어찌 남북에 있겠습니까?"

"그대가 설사 설봉(雪峯)이나 운거(雲居)에서 왔다 하여도 다만 판자나 메고 다니는 자〔擔板漢〕[39]로구나."[40]

어떤 승려가 물었다.

"어떤 것이 부처입니까?"

대사가 말하였다.

"법당 안에 있는 것이다."

新到僧參。師問。什麼處來。僧云。南方來。師云。佛法盡在南方。汝來這裏作什麼。僧云。佛法豈有南北耶。師云。饒汝從雪峯雲居來。只是箇擔板漢(崇壽稠別云。和尚是據客置主人)。僧問。如何是佛。師云。殿裏底。

---

39) 담판한(擔板漢) : 원문의 담판한(擔板漢)은 전체를 보지 못하고 한쪽 밖에 모르는 사람에 종종 비유되는데, 선문(禪門)에서는 특히 곳곳마다 걸려서 자유롭지 못한 이를 일컫는다.

40) 숭수조(崇壽稠)가 따로 말하기를 "화상은 나그네를 주인으로 삼으셨습니다." 하였다. (원주)

승려가 말하였다.

"법당에 있는 것이야 진흙으로 빚은 것이 아니겠습니까?"

대사가 말하였다.

"그렇다."

"어떤 것이 부처입니까?"

"법당 안에 있는 것이다."

"학인이 우둔하여 알지 못하겠으니 화상께서 가르쳐 주십시오."

"죽을 먹었는가?"

"먹었습니다."

"발우를 씻어라."

그 승려가 홀연히 깨달았다.

대사가 법상에 올라 말하였다.

"일단 시비가 일어나면 어지러이 본심을 잃는다. 이 말에 대답할 수 있는가?"

僧云。殿裏者豈不是泥龕塑像。師云。是。僧云。如何是佛。師云。殿裏底。僧問。學人迷昧乞師指示。師云。喫粥了也未。僧云。喫粥也。師云。洗鉢去。其僧忽然省悟。師上堂云。纔有是非紛然失心。還有答話分也無。

낙보가 대중 가운데 있다가 아래윗니를 딱딱 부딪쳤다.

또 운거에게 가서 이야기 하니[41] 운거가 말하였다.

"하필이면…."

그 스님이 돌아와서 대사에게 말하니[42] 대사가 말하였다.

"오늘 많은 사람이 몸을 상하고 목숨을 잃는구나."

어떤 승려가 말하였다.

"청컨대 화상께서 말씀해 주십시오."

대사가 앞의 말을 막 이야기하려는데 그 승려가 곁의 승려를 가리키면서 말하였다.

"이 승려가 저 따위 말을 하는구나."

대사가 그만두었다.

樂普在衆扣齒。雲居云。何必。師云。今日大有人喪身失命。有僧云。請和尚擧。師便擧前語。僧指旁僧云。這僧作恁麼語話。師乃休。[43]

---

41) 이 부분의 내용은 대만 전등록본에는 없는 대목이나 문맥의 이해를 돕기 위하여 원나라본의 내용인'又擧示雲居'를 번역에 추가하였다.

42) 이 부분의 내용은 대만 전등록본에는 없는 대목이나 문맥의 이해를 돕기 위하여 원나라본의 내용인 '僧迴擧示師'를 번역에 추가하였다.

43) 樂普在衆扣齒부터 師乃休까지 원나라본에는 後有僧擧示洛浦洛浦扣齒。又擧示雲居雲居云。何必。僧迴擧示師。師云。南方大有人喪身失命。僧云。請和尚擧。師才擧前語。僧指旁僧云。者箇師僧喫却飯了作恁麼語話。師乃休(此一段舊本全無倫理今依別錄改正)으로 되어 있다.

어떤 승려가 물었다.

"오래 전부터 조주의 돌다리 소문을 들었는데 와서 보니 외나무다리만 보이는군요."

대사가 말하였다.

"그대는 외나무다리만 보고, 조주의 돌다리는 보지 못하는구나."

"어떤 것이 조주의 돌다리입니까?"

"지나왔다."

또 어떤 승려가 앞에서와 같이 묻기에, 대사도 앞에서와 같이 대답하였다. 그 승려가 물었다.

"어떤 것이 조주의 돌다리입니까?"

대사가 말하였다.

"말도 건너고 나귀도 건너느니라."

"어떤 것이 외나무다리입니까?"

"사람마다 건너느니라."[44)]

僧問。久響。趙州石橋。到來只見掠彴。師云。汝只見掠彴不見趙州橋。僧云。如何是趙州橋。師云。過來。又有僧同前問。師亦如前答。僧云。如何是趙州橋。師云。度驢度馬。僧云。如何是掠彴。師云。箇箇度人(雲居錫云。趙州為當扶石橋扶掠彴)。

---

44) 운거석(雲居錫)이 말하기를 "조주는 돌다리를 부축하고 있는가, 외나무다리를 부축하고 있는가?" 하였다. (원주)

대사는 사미가 할을 하고 참배하는 것을 듣고 시자에게 말하였다.
"저 아이를 보내라."
시자가 그에게 가라 하니 사미가 인사를 하고 떠났다.
대사가 말하였다.
"사미는 문 안에 들었는데 시자는 문 밖에 있구나."[45)]

대사가 새로 온 승려에게 물었다.
"어디서 왔는가?"
"남쪽에서 왔습니다."
"조주의 관문(關門)이 있는 것을 아는가?"
"관문을 거칠 것 없는 이도 있음을 아셔야 합니다."
대사가 말하였다.
"이 사사로이 소금을 파는 놈아."[46)]

師聞沙彌喝參向侍者云。教伊去。侍者乃教去。沙彌便珍重去。師云。沙彌得入門。侍者在門外(雲居錫云。什麼處是沙彌入門。侍者在門外。這裏若會得。便見趙州)。師問新到僧。什麼處來。僧云。從南來。師云。還知有趙州關否。僧云。須知有不涉關者。師云。這販私鹽漢。

---

45) 운거석(雲居錫)이 말하기를 "어느 것이 사미는 문 안에 있고, 시자는 문 밖에 있는 것인가? 만일 여기에서 알았다면 조주를 보게 되리라." 하였다. (원주)

46) 예전에는 국가에서 소금을 전매하였기 때문에 개인이 소금을 만들어 파는 일은 법을 어기는 것이었다는 것을 비유하여 쓴 말.

어떤 승려가 물었다.
"어떤 것이 서쪽에서 오신 뜻입니까?"
대사가 선상에서 내려와 서니, 그 승려가 말하였다.
"그것이면 되지 않습니까?"
"나는 아무 말도 하지 않았다."

대사가 채두(菜頭)에게 물었다.
"오늘은 생채를 먹는가, 익은 채소를 먹는가?"
채두가 채소를 번쩍 들어서 대사에게 바치니, 대사가 말하였다.
"은혜를 아는 이는 적고, 은혜를 저버리는 이는 많구나."

어떤 승려가 물었다.
"공겁(空劫)[47]에도 수행하는 사람이 있었습니까?"
대사가 말하였다.
"그대는 무엇을 공겁이라 하는가?"

僧問。如何是西來意。師下禪床立。僧云。莫即這箇便是否。師云。老僧未有語在。師問菜頭。今日喫生菜熟菜。菜頭拈起菜呈之。師云。知恩者少負恩者多。僧問。空劫中還有人修行也無。師云。汝喚什麼作空劫。

47) 공겁(空劫) : 세상이 열리기 전.

승려가 말하였다.

"한 물건도 없는 것입니다."

"그것이라야 수행이라 할 수 있거늘 무엇을 공겁이라 하는가?"

승려가 말이 없었다.

어떤 승려가 물었다.

"어떤 것이 현묘한 가운데의 현묘함입니까?"

"그대가 현묘하게 된 지 얼마나 되는가?"

"현묘하게 된 지 오랩니다."

"그대가 만일 나를 만나지 않았더라면 하마터면 현묘함에 몇 번씩 죽음을 당했을 것이다."

어떤 승려가 물었다.

"만 법은 하나로 돌아가는데 하나는 어디로 돌아갑니까?"

"내가 청주(青州)에 있을 때에 베장삼을 하나 만들었는데 무게가 일곱 근이었다."

僧云。無一物是。師云。這箇始稱得修行。喚什麼作空劫。僧無語。僧問。如何是玄中玄。師云。汝玄來多少時耶。僧云。玄之久矣。師云。闍梨若不遇老僧幾被玄殺。僧問。萬法歸一一歸何所。師云。老僧在青州作得一領布衫重七斤。

어떤 승려가 물었다.

"밤에는 도솔천에서 살고, 낮에는 남섬부주[48]로 내려가는데 그 중간에 어찌하여 마니구슬〔摩尼珠〕이 나타나지 않습니까?"

"무엇이라 했는가?"

그 승려가 다시 물으니 대사가 말하였다.

"비바시불(毘婆尸佛)이 벌써부터 마음에 있었으나 지금에 이르기까지 묘(妙)를 얻은 적 없다."

대사가 원주에게 물었다.

"어디서 오는가?"

"노인을 전송하고 옵니다."

"까마귀가 어째서 날아가는가?"

"저를 두려워해서 입니다."

"어찌 그런 말을 하는가?"

僧問。夜生兜率晝降閻浮。於其中間摩尼為什麼不現。師云。道什麼。其僧再問。師云。毘婆尸佛早留心。直至如今不得妙。師問院主。什麼處來。對云。送生來。師云。鵶為什麼飛去。院主云。怕某甲。師云。是什麼語話。[49]

---

48) 남섬부주 : 사주(四洲)의 하나. 수미산의 남쪽에 있는 땅으로 인간들이 살고 있는 곳을 일컫는다.

49) 是什麼語話가 송, 원나라본에는 汝十年知事作恁麼語話로 되어 있다.

원주가 도리어 물었다.
"까마귀가 왜 날아갔습니까?"
대사가 대신 말하였다.
"원주에게 살생하는 마음이 남아 있기 때문이니라."

대사가 발우를 들고 말하였다.
"30년 뒤에 나를 볼 수 있거든 두고 공양하라. 만일 보지 못하겠거든 부숴버려라."
어떤 승려가 나서서 말하였다.
"30년 뒤에도 화상을 뵈리라 여깁니다."
대사가 부숴버렸다.

어떤 승려가 하직을 아뢰니 대사가 물었다.
"어디로 가려는가?"
"설봉(雪峯)으로 가겠습니다."

院主却問。鵶子為什麼飛去。師代云。爲某甲有殺心在。[50]師托起鉢云。三十年後若見老僧留取供養。若不見即撲破。一僧出云。三十年後敢道見和尚。師乃撲破。有僧辭。師問。什麼處去。僧云。雪峯去。

---

50) 師代云。爲某甲有殺心在가 송, 원나라본에는 師云。院主無殺心在로 되어 있다.

대사가 말하였다.

"설봉이 홀연히 만약 그대에게 화상께서 무슨 말씀이 있었더냐고 물으면 그대는 무엇이라 하겠는가?"

"저는 무엇이라 할지 모릅니다. 화상께서 말씀해 주십시오."

"'겨울에는 춥다고 말씀하시고, 여름에는 덥다고 말씀하십니다.' 라고 하라. 또 설봉이 그대에게 마지막의 일을 물으면 어찌하겠는가?"

그 승려가 또 말할 수 없다 하니, 대사가 말하였다.

"그저 조주에게서 바로 왔을 뿐, 말이나 전하는 사람이 아니라고 해라."

그 승려가 설봉에게 가서 앞의 말과 같이 말하니 설봉이 말하였다.

"역시 조주라야 되겠구나."

현사(玄沙)가 듣고 말하였다.

"대단하다는 조주여, 낭패하고도 모르고 있구나."[51)]

師云。雪峯忽若問汝。云和尚有何言句。汝作麼生祇對。僧云。某甲道不得。請和尚道。師云。冬即言寒夏即道熱。又云雪峯更問汝畢竟事作麼生。其僧又云。道不得。師云。但道親從趙州來不是傳語人。其僧到雪峯一依前語舉似雪峯。雪峯云。也須是趙州始得。玄沙聞云。大小趙州敗闕也不知(雲居錫云。什麼處是趙州敗闕處。若檢得出是上座眼)。

51) 운거석(雲居錫)이 말하기를 "조주가 낭패를 당한 곳이 어디인가? 만약 점검할 수 있다면 이는 상좌의 안목이다." 하였다. (원주)

어떤 승려가 물었다.
"어떤 것이 조주의 일구(一句)입니까?"
"나에게는 반 구절도 없다."
"어찌 화상에게 없겠습니까?"
"나에게는 일구(一句)라 하는 것마저도 없다."

어떤 승려가 물었다.
"어떤 것이 출가입니까?"
"높은 이름을 차지하지도 않고, 구차히 얻으려 하지도 않는 것이니라."

어떤 승려가 물었다.
"맑고 맑아서 티끌이 끊어졌을 때에는 어떻습니까?"
"거기에는 나그네로 떠도는 놈이 붙지 못하느니라."

어떤 승려가 물었다.
"어떤 것이 조사의 뜻입니까?"

僧問。如何是趙州一句。師云。老僧半句也無。僧云。豈無和尚在。師云。老僧不是一句。僧問。如何是出家。師云。不履高名不求苟得。僧問。澄澄絕點時如何。師云。這裏不著客作漢。僧問。如何是祖師意。

대사가 선상의 다리를 치니 그 승려가 말하였다.
"다만 그것이면 되지 않겠습니까?"
"이는 곧 취함마저도 없구나."

어떤 승려가 물었다.
"어떤 것이 비로자나불의 원상입니까?"
대사가 말하였다.
"내가 어려서 출가한 이래 눈병이 난 적이 없느니라."
"어찌 사람을 위하시지 않습니까?"
"그대가 항상 비로자나불의 원상을 보게 되기를 바란다."
승려가 물었다.
"화상께서는 지옥에도 들어가시겠습니까?"
대사가 말하였다.
"맨 마지막까지 들어가겠다."
"큰 선지식이 어찌하여 지옥에 들어가십니까?"
"들어가지 않으면 누가 그대들을 교화하겠느냐?"

師乃敲床脚。僧云。只遮莫便是否。師云。是。即脫取去。僧問。如何是毘盧圓相。師云。老僧自幼出家不曾眼花。僧云。豈不為人。師云。願汝常見毘盧圓相。問。和尚還入地獄否。師云。老僧末上入。曰大善知識為什麼入地獄。師云。若不入阿誰教化汝。

어느 날 진정수(真定帥) 왕공(王公)이 아들들을 데리고 절에 들어왔는데 대사가 앉아서 물었다.

"대왕이여, 알겠소?"

왕공이 대답하였다.

"모르겠습니다."

"어릴 때부터 오후불식〔持齋〕[52]을 했는데 몸이 이미 늙어서 사람을 보아도 선상을 내려갈 힘이 없습니다."

왕공이 더욱 소중히 여겼다.

이튿날 왕공이 객(客) 장군을 시켜 말을 전하니 대사가 선상에서 내려와 그를 맞았다.

조금 있다가 시자가 물었다.

"화상께서는 대왕이 오는 것을 보고도 선상에서 내려오시지 않더니, 오늘 군관 장수가 왔을 때에는 어찌하여 선상에서 내려오셨습니까?"

一日真定帥王公携諸子入院。師坐而問曰。大王會麼。王云。不會。師云。自小持齋身已老。見人無力下禪床。王公尤加禮重。翌日令客將傳語。師下禪床受之。少間侍者問。和尚見大王來不下禪床。今日軍將來為什麼却下禪床。

52) 지재(持齋) : 원문의 지재(持齋)는 계율을 지키면서 훈식〔냄새나는 음식〕을 먹지 않는 것이라는 뜻이다. 불교에서는 원래 오후불식을 가리키는 말이었는데 이후에는 대부분 채식을 가리키는 말이 되었다.

대사가 말하였다.

"네가 알 바가 아니다. 제일등의 사람이 오면 선상 위에서 맞이하고, 중등의 사람이 오면 선상에서 내려와 맞이하고, 하등의 사람이 오면 삼문(三門) 밖에서 맞이하느니라."

대사가 불자(拂子)를 왕공에게 전하면서 말하였다.

"만일 어디서 얻어 왔느냐고 묻거든, 다만 내가 평생에 써도 다하지 않는 것이라 하더라고만 하라."

대사의 현묘한 말이 천하에 퍼지니, 당시에 조주의 문풍(門風)이라 하여 모두가 공경하며 믿고 조복하였다.

당의 건녕(乾寧) 4년 11월 2일에 오른 겨드랑이를 땅에 붙이고 입적하니 수명은 120세였다.[53)]

나중에 진제 대사(眞際大師)라 시호하였다.

師云。非汝所知。第一等人來禪床上接。中等人來下禪床接。末等人來三門外接。師寄拂子與王公曰。若問何處得來。但道老僧平生用不盡者。師之玄言布於天下。時謂趙州門風。皆悚然信伏矣。唐乾寧四年十一月二日右脇而寂。壽一百二十(有人問。師年多少。師云。一串念珠數不盡)後諡真際大師。

53) 어떤 사람이 대사의 나이를 물으면 대사는 말하기를 "한 둘레의 염주를 세고 세어도 끝이 없다." 하였다. (원주)

토끼뿔

ꩦ "부처라니, 누구 집의 번뇌입니까?" 했을 때

대원은 "바로 그것이다." 하리라.

ꩦ "화상께서는 어느 절에 계십니까?" 하니 "조주 동원(東院)의 서쪽이라오." 했을 때

대원은 "오대산 삼신암에 사오." 하리라.

ꩦ 대사가 상당하여 말하기를 "일단 시비가 일어나면 어지러이 본심을 잃는다. 이 말에 대답할 수 있는가?" 하니, 낙보가 대중 가운데 있다가 아래윗니를 딱딱 부딪쳤다. 또 운거에 가서 이야기 하니 운거가 말하기를 "하필이면…." 했는데

만약 그 승려가 나에게 그 이야기를 들어 묻는다면

대원은 "일 없거든 잠이나 자라." 하리라.

지주(池州) 영취(靈鷲) 한(閑) 선사

한(閑) 선사가 대중에게 말하였다.

"이것은 그대들 모두의 본분(本分)의 일이다. 만일 노승에게 말하라 하면 뱀에다 발을 그려 붙이라는 것이다. 이것이 여러 상좌를 단박에 가르치는 것이다."

어떤 승려가 물었다.

"뱀에 발을 그려 붙이는 것은 묻지 않겠습니다. 어떤 것이 본분의 일입니까?"

대사가 말하였다.

"그대가 말해 봐라."

그 승려가 다시 물으려 하니, 대사가 말하였다.

"어찌 발을 그리려 하는가?"

명수(明水) 화상이 물었다.

池州靈鷲閑禪師。謂衆曰。是汝諸人本分事。若教老僧道即與蛇畫足。此是頓教諸上座。有僧便問。與蛇畫足即不問。如何是本分事。師云。闍梨試道看。其僧擬再問。師曰。畫足作麼。明水和尚問。

"어떤 것이 단박에 법신을 얻는 것입니까?"
대사가 말하였다.
"단번에 용문을 뛰어넘어서 구름 밖을 보아라. 황하에 이마나 부딪히는 고기가 되지는 마라."

앙산이 물었다.
"고요하고 고요하여 말이 없을 때에 어떻게 보고 듣습니까?"
대사가 말하였다.
"무봉탑(無縫塔) 앞에 빗물이 많다."

어떤 승려가 물었다.
"둘이서 서로 말이 없을 때에는 어떠합니까?"
대사가 말하였다.
"항상일뿐이다."
"항상인 것보다 뛰어난 것이 있습니까?"
"있다."

如何是頓獲法身。師云。一透龍門雲外望。莫作黃河點額魚。仰山問。寂寂無言如何視聽。師云。無縫塔前多雨水。僧問。二彼無言時如何。師云。是常。僧云。還有過常者無。師云。有。

승려가 말하였다.

"화상께서 말씀해 주십시오."

"현묘한 구슬이 스스로 빛나니, 어찌 진실로 벽 밖의 빛이리오."

어떤 승려가 물었다.

"오늘 서천(西川)의 무염(無染) 대사에게 공양이 있는데 대사께서도 오시겠습니까?"

"본래 이를 곳 없거늘 지금 어찌 바람을 따라 움직이리오."

"그렇다면 공양은 어째서 하십니까?"

"유위의 공력(功力)으로 뜻을 상으로 섭렵하여 바꾸려 하지 마라."

僧云。請師唱起。師云。玄珠自朗耀。何須壁外光。僧問。今日供養西川無染大師。未審大師還來否。師云。本自無所至今豈隨風轉。僧云。恁麼即供養何用。師云。功力有為不換義相涉。

토끼뿔

"어떤 것이 단박에 법신을 얻는 것입니까?" 하니 "단번에 용문을 뛰어넘어서 구름 밖을 보아라. 황하에 이마나 부딪히는 고기가 되지는 마라." 했는데

대원에게 누가 그렇게 물어 온다면 "없다." 하리라.

악주(鄂州) 수유산(茱萸山) 화상

수유산 화상은 처음에 수주(隋州)의 호국원(護國院)에서 제1세 주지로 있었는데, 금륜(金輪) 가관(可觀) 화상이 물었다.

"어떤 것이 도입니까?"

"허공에다 말뚝을 박지 마라."

"허공이라 해도 말뚝입니다."

대사가 때리니 가관이 붙들고 말하였다.

"저를 때리지 마십시오. 뒷날에 사람을 잘못 때렸다 할 것입니다."

대사가 그만두었다.[54)]

조주(趙州) 종심 화상이 먼저 운거(雲居)에 이르니, 운거가 물었다.

"연세가 많으신 분이 어찌 머무를 자리를 찾지 않으십니까?"

鄂州茱萸山和尚。初住隋州護國院為第一世。金輪可觀和尚問。如何是道。師云。莫向虛空裏釘橛。觀云。虛空是橛。師乃打之。觀捉住云。莫打某甲。已後錯打人在。師便休(雲居錫云。此人具眼不具眼。因什麼著打)。趙州諗和尚先到雲居。雲居問曰。老老大大漢何不覓箇住處。

---

54) 운거석(雲居錫)이 말하기를 "이 사람이 안목을 갖추었는가, 갖추지 못했는가? 어찌하여 매를 맞았는가?" 하였다. (원주)

조주가 말하였다.

"어느 곳이 머물 곳입니까?"

"산 앞에 옛 절터가 있습니다."

"화상께서나 사시지요."

조주가 나중에 대사의 거처에 이르니, 대사가 물었다.

"연세가 많으신 분이 어찌 머물지 않으십니까?"

조주가 물었다.

"어느 곳이 머물 곳입니까?"

대사가 말하였다.

"연세가 많으신 분이 머무를 곳도 모르십니까?"

조주가 말하였다.

"30년 동안 말을 타고 재주를 부리다가 오늘 나귀에게 채였다."[55]

여러 승려가 모시고 서 있는데 대사가 말하였다.

諗曰。什麼處住得。雲居曰。山前有古寺基。諗曰。和尚自住取。後到師處。師曰。老老大大漢何不住去。諗曰。什麼處住得。師曰。老老大大漢住處也不知。諗曰。三十年弄馬伎。今日却被驢撲(雲居錫云。什麼處是趙州被驢撲處)。眾僧侍立。師曰。

---

55) 운거석(雲居錫)이 말하기를 "조주가 나귀에 채인 곳이 어디인가?" 하였다. (원주)

"다만 그렇게 공연히 서서 아무 말이 없으니 한 마당 깨닫지 못한 기운이로구나."

어떤 승려가 나와서 물으려 하는데, 대사가 때리고 말하였다.

"대중을 위하여 없는 힘을 다했구나."

그리고는 곧 방장실로 들어갔다.

어떤 행자가 와서 뵈니 대사가 물었다.

"일찍이 조주를 본 일이 있는가?"

"화상께서 결단하여 일러 주시겠습니까?"

대사가 말하였다.

"나뿐만 아니라 모든 사람이 이르지 못한다."

"화상께서 저의 부족함을 내버려 두시렵니까?"

"그 속에는 예전부터 인정(人情)도 통하지 않는다."

"그래도 자비심은 있어야 합니다."

대사가 얼른 때리면서 말하였다.

"깬 뒤에 오거라. 그대를 위해 말해 주리라."

只恁麼白立無箇說處一場氣悶。有僧擬出問。師乃打之。曰為眾竭力。便入方丈。有行者參師曰。曾去看趙州麼。曰和尚敢道否。師云。非但茱萸一切人道不得。曰和尚放某甲過。師曰。這裏從前不通人情。曰要且慈悲心在。師便打曰。醒後來為汝。

토끼뿔

ꩰ "다만 그렇게 공연히 서서 아무 말이 없으니 한 마당 깨닫지 못한 기운이로구나." 했을 때

차 한 잔을 드렸어야 했다.

ꩰ "그 속에는 예전부터 인정(人情)도 통하지 않는다." 했을 때도

"참으로 자비 인정이 많기도 합니다." 했어야 했다.

구주(衢州) 자호암(子湖巖) 이종(利蹤) 선사

이종 선사는 전주(澶州) 사람으로 성은 주(周)씨이다. 유주(幽州)의 개원사(開元寺)에서 출가하여 나이가 차자 구족계를 받았다. 나중에 남전(南泉)에게 입실하고는 바로 구주의 마제산(馬蹄山)에 가서 띠집을 짓고 살았다.

당의 개성(開成) 2년에 고을 사람인 옹천귀가 산 밑의 자호(子湖)를 보시해서 절을 지으니, 함통(咸通) 2년에 황제가 안국선원(安國禪院)이라는 현판을 하사하였다.

어느 날 상당하여 대중에게 말하였다.

"자호(子湖)에 개 한 마리가 있는데 위로는 사람의 머리를 취하고, 중간에는 사람의 마음을 취하고, 아래에는 사람의 발을 취하니, 망설이면 몸과 목숨을 잃는다."

衢州子湖巖利蹤禪師。澶州人也。姓周氏。幽州開元寺出家依年受具。後入南泉之室。乃抵於衢州之馬蹄山結茅宴居。唐開成二年邑人翁遷貴。施山下子湖創院。咸通二年勅賜額曰安國禪院。一日上堂示衆曰。子湖有一隻狗。上取人頭。中取人心。下取人足。擬議即喪身失命。

승려가 물었다.
"어떤 것이 자호의 개 한 마리입니까?"
대사가 말하였다.
"멍멍"

임제의 밑에 있던 두 승려가 뵈러 와서 발〔簾〕을 걷으려는데, 대사가 말하였다.
"개 조심하라."
두 승려가 뒤를 돌아보니, 대사는 방장실로 돌아갔다.

대사가 승광(勝光) 화상과 함께 밭의 풀을 매다가 갑자기 호미질을 멈추고 승광을 돌아보면서 말하였다.
"일은 없지 않으나 마음으로 헤아리려하면 곧 어긋난다."
승광이 절을 하고 물으려 하니, 대사가 걷어차 버리고 절로 돌아갔다.

僧問。如何是子湖一隻狗。師曰。嘷嘷。臨濟下二僧到參方揭簾。師曰。看狗。二僧迴顧。師歸方丈。師與勝光和尚鋤園。師驀按鋤迴視勝光云。事即不無擬心即差。光乃禮拜擬問。師與一蹋便歸院。

어떤 비구니가 와서 뵈니 대사가 물었다.

"네가 유철마(劉鐵磨)[56] 아니냐?"

"그렇다 하기엔 외람됩니다."

"왼쪽으로 도느냐, 오른쪽으로 도느냐?"

"화상이시여, 전도되지 마십시오."

대사가 바로 때렸다.

어느 날 밤중에 대사가 승당(僧堂) 앞에서 "도적이야, 도적이야." 하니 대중이 모두 놀라 달아났다.

대사가 승당에서 나오는 한 승려를 붙들고 외쳤다.

"유나(維那)야, 도적을 잡았다, 잡았어."

그 승려가 말하였다.

"저는 아닙니다."

"옳기는 옳지만 다만 수긍할 수는 없다."

有一尼到參。師曰。汝莫是劉鐵磨否。尼曰。不敢。師曰。左轉右轉。尼云。和尚莫顛倒。師便打。師中夜於僧堂前叫賊賊。大衆皆驚走。師到僧堂後架把住一僧叫云。維那捉得也捉得也。僧云。不是某甲。師云。是即是只是汝不肯承當。

---

56) 유철마(劉鐵磨) : 유철마(劉鐵磨)는 성은 유씨이고, 위산 선사와 법거량을 나눌 정도로 뛰어난 여승으로 근기가 수승하여 모든 분별망상을 갈아 없애는 위엄이 있다고 해서 철마(鐵磨), 곧 '쇠맷돌'이라는 이름이 붙여졌다.

대사가 게송을 지어서 대중에게 보였다.

30년 동안 자호에 있으면서
두 때의 죽과 밥으로 기력이 좋아
일 없이 산에 올라 온통에서 굴려 행함을
요새 사람 아는가를 그대에게 묻노라

대사가 자호에서 45년 동안 설법을 하다가 광명(廣明) 때에 병 없이 열반하니, 수명은 81세이고 법랍은 61세였다. 지금까지 본산에 탑이 남아 있다.

師有偈。示衆曰。
三十年來住子湖
二時齋粥氣力麁
無事上山行一轉[57]
問汝時人會也無
師居子湖說法四十五稔。廣明中無疾歸寂。壽八十有一。臘六十一。今本山有塔。

---

57) 無事上山行一轉이 송, 원나라본에는 每日上山三伍轉로 되어 있다.

토끼뿔

"왼쪽으로 도느냐, 오른쪽으로 도느냐?"를 묻는다면

대원은 척 버티고 서서 "어떤 쪽이라 하겠습니까?" 하고 "험." 하리라.

낙경(洛京) 숭산(嵩山) 화상

어떤 승려가 물었다.
"옛길이 분명할 때에 어떠합니까?"
대사가 말하였다.
"앞이라 할 것도 없느니라."
"어째서 앞이라 할 것도 없습니까?"
"막힌 곳이 없기 때문이니라."

어떤 승려가 물었다.
"어떤 것이 숭산의 경지입니까?"
대사가 말하였다.
"해가 동쪽에서 뜨고, 달은 서산으로 기우누나."
"학인은 잘 모르겠습니다."
"동쪽 서쪽도 모르는가?"

洛京嵩山和尚。僧問。古路坦然時如何。師曰。不前。僧曰。為什麼不前。師曰。無遮障處。僧問。如何是嵩山境。師曰。日從東出月向西頹。曰。學人不會。師曰。東西也不會。

어떤 승려가 물었다.
"육식(六識)이 모두 일어날 때에는 어떠합니까?"
대사가 말하였다.
"다르다."
"어째서 그러합니까?"
"같다."

僧問。六識俱生時如何。師曰。異。僧曰。為什麼如此。師曰。同。

토끼뿔

"옛길이 분명할 때에 어떠합니까?" 했을 때

대원은 "그렇게 하라." 하리라.

"육식(六識)이 모두 일어날 때에는 어떠합니까?" 했을 때

대원은 "앞산 바위가 보여주고 있으니 바로 보라." 하리라.

일자(日子) 화상

아계(亞谿)가 일자 화상을 뵈러 왔는데, 대사가 일어나는 시늉을 하니 아계가 말하였다.

"저 늙은 산 귀신이 아직도 나를 보는구나."

대사가 말하였다.

"잘못했다, 잘못했어. 아까 내가 잘못보고 대했었다."

아계가 말을 하려 하니, 대사가 꾸짖었다. 그러자 아계가 말하였다.

"큰 진 앞에서는 방어하기가 어렵다."

대사가 말하였다.

"옳다, 옳다."[58)]

아계가 말하였다.

"옳지 않다, 옳지 않다."

日子和尙。亞谿來參。師作起勢。亞谿曰。這老山鬼猶見某甲在。師曰。罪過罪過適來失祗對。亞谿欲進語。師乃叱之。亞谿曰。大陣前不妨難禦。師曰是是。亞谿曰。不是不是(趙州云。可憐兩箇漢。不識轉身句)。

---

58) 조주(趙州)가 말하기를 "딱한 두 늙은이가 전신구(轉身句)를 알지 못했구나." 하였다. (원주)

"저 늙은 산 귀신이 아직도 나를 보는구나." 하니, 일자 화상이 말하기를 "잘못했다, 잘못했어. 아까 내가 잘못보고 대했었다." 했는데

그럴 것이 아니라 "이렇게 맞이했거늘 그대는 무엇을 향해서 그런 말을 하는가?" 라고 했어야 했다.

"험."

소주(蘇州) 서선(西禪) 화상

서선 화상에게 어떤 승려가 물었다.

"삼승십이분교(三乘十二分教)[59]는 묻지 않겠습니다. 어떤 것이 조사께서 서쪽에서 오신 분명한 뜻입니까?"

대사가 불자를 들어 보이자, 그 승려가 절도 하지 않고 물러가 설봉(雪峯)을 뵈니 설봉이 물었다.

"어디서 오는가?"

승려가 말하였다.

"절중(浙中)에서 옵니다."

"올 여름에는 어디에 있었는가?"

"소주의 서선(西禪)에 있었습니다."

"화상께서는 안녕하신가?"

蘇州西禪[60]和尚。僧問。三乘十二分教則不問。如何是祖師西來的的意。師舉拂子示之。其僧不禮拜去參雪峯。雪峯問。什麼處來。僧云。浙中來。雪峯曰。今夏在什麼處。曰蘇州西禪。雪峯曰。和尚安否。

59) 삼승십이분교(三乘十二分教) : 삼승은 성문승(소승), 연각승(중승), 보살승(대승)을 이르고, 십이분교는 부처님의 일대 교설을 그 경문의 형식과 내용에 따라 열두 종류로 나누어 교를 삼은 것이다.

60) 송, 원나라본에는 西山으로 되어 있다.

승려가 말하였다.

“제가 떠날 때는 잘 계셨습니다.”

설봉이 말하였다.

“어째서 모시지 않았는가?”

“불법에 밝지 않기 때문입니다.”

“무슨 일이 있었는가?”

그 승려가 앞의 일을 이야기하니 설봉이 말하였다.

“그대는 어찌하여 수긍치 않았는가?”

“그것은 경계이기 때문입니다.”

“그대는 소주 성 안의 남녀들을 보았는가?”

“보았습니다.”

“그대는 길옆의 나무들을 보았는가?”

“보았습니다.”

“무릇 보이는 집의 남녀, 대지의 수풀과 늪이 모두 경계인데, 그대는 수긍하겠는가?”

曰來時萬福。雪峯曰。何不且從容。曰佛法不明。雪峯曰。有什麼事。僧舉前話。雪峯曰。汝作麼不肯。僧曰。是境。雪峯曰。汝見蘇州城裏人家男女否。曰見。雪峯曰。汝見路上林木否。曰見。雪峯曰。凡覩人家男女大地林沼總是境。汝還肯否。

승려가 말하였다.

"수긍합니다."

"그렇다면 불자를 쳐들어 보인 것은 그대는 어찌하여 수긍치 않았는가?"

그 승려가 절을 하면서 말하였다.

"학인이 경솔하게 말했으니 대사께서 자비를 베풀어 주십시오."

"온 천지가 온통 이 눈인데, 그대는 어느 쪽을 향해서 앉으려 하는가?"

승려가 말이 없었다.

曰肯。雪峯曰。只如拈起拂子汝作麼生不肯。僧乃禮拜曰。學人取次發言。乞師慈悲。雪峯曰。盡乾坤是箇眼。汝向什麼處蹲坐。僧無語。

토끼뿔

“온 천지가 온통 이 눈인데, 그대는 어느 쪽을 향해서 앉으려 하는가?” 했을 때

대원은 “이렇습니다. 뭐라 하시겠습니까?” 하리라.

선주(宣州) 자사(刺史) 육긍(陸亘) 대부

육긍 대부[61]가 처음에 남전(南泉)에게 물었다.

"옛사람이 병 속에다 거위 한 마리를 길렀는데 거위가 점점 커서 나오지 못합니다. 지금 병을 깨뜨리지 않고, 거위도 다치지 않게 화상께서는 어떻게 꺼내시겠습니까?"

남전이 불렀다.

"대부여."

육긍 대부가 대답하자 남전이 말하였다.

"나왔다."

육긍 대부가 이로부터 깨달았다.

남전이 입적할 때에 원주가 물었다.

"대부는 왜 선사를 위해 곡을 하지 않습니까?"

宣州刺史陸亘大夫。初問南泉曰。古人甁中養一鵝。鵝漸長大出甁不得。如今不得毁甁。不得損鵝。和尚作麼生出得。南泉召曰。大夫。陸應諾。南泉曰。出也。陸從此開解。暨南泉圓寂。院主問曰。大夫何不哭先師。

61) 육긍 대부(764 ~ 834).

육긍 대부가 말하였다.

"원주가 이르면 곡을 하겠소."

원주가 말이 없었다.[62)]

陸曰。院主道得即哭。院主無對(長慶代云。合哭不合哭)。

62) 장경(長慶)이 대신 말하기를 "곡을 해야 합당한가, 하지 않아야 합당한가?" 하였다. (원주)

토끼뿔

육긍 대부가 “원주가 이르면 곡을 하겠소.” 했을 때

대원은 오른발을 들었을 것이다.

지주(池州) 감지(甘贄) 행자

감지 행자[63]가 돈 3관문(貫文)을 가지고 승당(僧堂)에 들어와서 수좌 앞에서 말하였다.

"상좌께 재물을 보시하겠습니다."

상좌가 말하였다.

"재물 보시도 다함이 없고, 법 보시도 끝이 없다."

"그런 말을 하고서야 어찌 저의 돈을 받으시겠습니까?"

그러고는 도로 나오니 상좌가 말이 없었다.

감지 행자가 남전에게 가서 죽 공양을 올리고 말하였다.

"화상께서 경을 읽어주십시오."

남전이 말하였다.

池州甘贄行者。將錢三貫文入僧堂。於第一座面前云。請上座施財。上座云。財施無盡法施無窮。甘云。恁麼道爭得某甲錢。却將出去。上座無語。又於南泉設粥云。請和尚念誦。南泉云。

63) 행자 : '행자'라는 호칭은 일반적으로 계를 받기 이전의 출가자를 뜻하나 재가에서 도를 깨쳐 세속의 삶 속에서 도를 행하는 사람을 일컫기도 한다.

"감지 행자가 죽 공양을 베푼다. 대중은 살쾡이와 흰 암소를 위해 마하반야경을 염송하라."

감지 행자가 절을 하고 물러가니, 남전이 부엌으로 가서 냄비를 부숴버렸다.

설봉(雪峰) 화상이 오는 것을 보고 감지 행자가 문을 닫고 말하였다.

"화상이시여, 들어오십시오."

설봉이 울타리 밖에서 옷을 들여보내니, 감지 행자가 문을 열고 절을 하였다.

어떤 암자의 주지가 세간을 장만하기 위하여 화주하러 오니, 감지 행자가 말하였다.

"바로 말하면 시주를 하겠소."

그리고는 심(心) 자를 써놓고 물었다.

甘贄行者設粥。請大眾為狸奴白牯念摩訶般若波羅蜜。甘乃禮拜便出去。南泉却到厨內打破鍋子。雪峯和尚來。甘閉門召云。請和尚入。雪峯隔籬掉過納衣。甘便開門禮拜。有住菴僧緣化什物。甘曰。若道得即施。乃書心字問。

"이것이 무슨 글자요?"

"마음 심 자입니다."

다시 자기의 아내를 불러 물었다.

"이것이 무슨 글자요?"

"마음 심 자입니다."

"내 촌뜨기 마누라도 암자의 주지는 될 수 있겠군."

그 승려가 말을 못하였고, 감지 행자도 시주를 하지 않았다.

또 어떤 승려에게 물었다.

"어디서 왔소?"

"위산에서 왔습니다."

감지 행자가 말하였다.

"일찍이 어떤 승려가 위산에게 '어떤 것이 서쪽에서 오신 뜻입니까?'라고 물으니 위산이 불자를 번쩍 쳐들었다는데, 상좌는 위산의 그 뜻이 무엇이라 여기시오?"

승려가 말하였다.

是什麼字。僧云。心字。又自問其妻。什麼字。妻云。心字。甘云。某甲山妻亦合住菴。其僧無語。甘亦無施。又問一僧。什麼處來。僧云。潙山來。甘云。曾有僧問潙山。如何是西來意。潙山舉起拂子。上座作麼生會潙山意。僧云。

"일을 통해서 마음을 밝히고 물건을 통해서 이치를 드러낸 것이라 여깁니다."

감지 행자가 말하였다.

"그냥 위산으로 돌아가는 것이 좋겠소."[64)]

借事明心附物顯理。甘云。且歸潙山去好(保福聞之乃仰手覆手)。

64) 보복(保福)이 듣고는 손을 엎치락뒤치락 하였다. (원주)

토끼뿔

ꩠ "대중은 살쾡이와 흰 염소를 위해 마하반야경을 염송하라." 했을 때

대원은 "대중이여, 도둑이 도적의 물건을 훔쳐서 공양을 드리는 것이다. 이 공양을 어떻게 받겠는가?" 하리라.

ꩠ 심(心) 자를 써놓고 "이것이 무슨 글자요?" 했을 때

대원은 등을 한 번 치고 "어떻소?" 하리라.

앞의 항주(杭州) 염관(鹽官) 제안(齊安) 선사의 법손

양주(襄州) 관남(關南) 도상(道常) 선사

도상 선사에게 어떤 승려가 물었다.
"어떤 것이 서쪽에서 오신 뜻입니까?"
대사가 주장자를 들고 말하였다.
"알겠는가?"
"모르겠습니다."
대사가 할을 해서 쫓아냈다.

前杭州鹽官齊安禪師法嗣 襄州關南道常禪師。僧問。如何是西來意。師舉柱杖云。會麼。僧云。不會。師乃喝出。

어떤 승려가 물었다.

"어떤 것이 대도의 근원입니까?"

대사가 한 주먹을 갈겼다.

대사는 항상 승려들이 와서 뵐 때에 대부분 주장자로 때려 쫓거나 '찰나라 해도 늦었다.'라고 하고, 혹은 '관남의 북을 쳐라.'고 하였으나, 당시의 대중 가운데 그 이치를 알고 맞장구를 치는 이는 드물었다.

僧問。如何是大道之源。師與一拳。師每見僧來參禮。多以拄杖打趁。或云。遲一刻。或云。打動關南鼓。而時輩鮮有唱和者。

토끼뿔

"찰나라 해도 늦었다." 했을 때

대원은 "이렇거늘 그런 말을 어떻게 얻었습니까?" 하리라.

홍주(洪州) 쌍령(雙嶺) 현진(玄眞) 선사

현진 선사가 처음에 도오(道吾)에게 물었다.
"신통 없는 보살의 발자취는 어째서 찾기 어렵습니까?"
도오가 말하였다.
"도가 같은 이라야 알 수 있다."
대사가 말하였다.
"화상께서는 아실 수 있습니까?"
"모른다."
"왜 모르십니까?"
"가거라. 내 말을 모르는구나."
나중에 염관에게 가서야 마음을 깨달았다.

洪州雙嶺玄真禪師。初問道吾。無神通菩薩為什麼足迹難尋。道吾曰。同道者方知。師曰。和尚還知否。曰不知。師曰。何故不知。曰去不識我語。師後於鹽官契會。

토끼뿔

“신통 없는 보살의 발자취는 어째서 찾기 어렵습니까?” 했을 때

대원은 “마치 온누리에 온전히 잔 바람의 자취 같느니라.” 하리라.

항주(杭州) 경산(徑山) 감종(鑒宗) 선사

감종 선사는 호주(湖州) 장성(長城) 사람으로 성은 전(錢)씨이다. 고향의 개원사(開元寺)에서 고한(高閑) 대덕에 의해 출가하여 『정명경』과 『사익경』에 정통하더니, 나중에 염관에 가서 오공 대사를 뵙고 의심을 풀었다.

당의 함통(咸通) 3년에 경산에 살면서 선교(禪教)를 드날렸는데, 젊은 승려 홍인(洪諲)이 논(論)을 강의할 수 있는 것을 자랑삼으니[65] 대사가 말하였다.

"불조(佛祖)의 바른 법은 바로 끊어 말을 떠났는데, 그대는 바다의 모래나 세어서 무슨 이익이 있으랴. 다만 알음알이를 두지 않고 밖의 인연을 끊어버리고 일체의 마음을 여의면 곧 그대의 참성품이니라."

杭州徑山鑒宗禪師。湖州長城人也。姓錢氏。依本州開元寺大德高閑出家。學通淨名思益經。後往鹽官謁悟空大師決擇疑滯。唐咸通三年止徑山宣揚禪教。有小師洪諲以講論自矜(諲即徑山第三世法濟大師)。師謂之曰。佛祖正法直截亡詮。汝算海沙於理何益。但能莫存知見。泯絕外緣離一切心即汝真性。

65) 홍인은 경산의 제3세인 법제 대사이다. (원주)

홍인이 이 말을 듣고 어리둥절해 하며 절을 하고 떠나 위산으로 가서야 현묘한 이치를 깨닫고 위산을 스승으로 삼았다.

함통 7년 병술 윤3월 5일에 입적하여 무상 대사(無上大師)라는 시호를 내리니, 그가 곧 경산의 제2세이다.

諲聞茫然。禮辭遊方至潙山方悟玄旨。乃師潙山宗禪師。咸通七年丙戌閏三月五日示滅。復諡曰無上大師。即徑山第二世也。

토끼뿔

"불조(佛祖)의 바른 법은 바로 끊어 말을 떠났다." 했을 때

대원은 '할'을 했을 것이다.
이 할이 무슨 할인가?
이 할을 바로 보면 바른 법을 지닌 이라 하리라.

앞의 오설산(五洩山) 영묵(靈默) 선사의 법손

복주(福州) 장계(長谿) 구산(龜山) 정원(正原) 선사

정원 선사는 선주(宣州) 남릉(南陵) 사람으로 성은 채(蔡)씨이다. 어릴 때에 세속을 싫어해서 출가하여 고향의 적산(籍山)에서 머리를 깎고, 당의 원화(元和) 12년 정유(丁酉)에 건주(建州) 건원사(乾元寺)에서 구족계를 받았다.

얼마 지나지 않아 오설산으로 가서 영묵 선사에게 입실하여 현묘한 이치를 탁마한 뒤에 구산의 제2세 주지가 되었다. 대사는 일찍이 이런 게송 두 수를 지었다.

첫째 송에서 말하였다.

前五洩山靈默禪師法嗣 福州長谿龜山正原禪師。宣州南陵人也。姓蔡氏。幼厭俗出家。於本州籍山落髮。唐元和十二年丁酉建州乾元寺受具。尋造五洩山默師之室決擇玄微。後住龜山為第二世也。師嘗述二偈。其一曰。

푸른 바다가 몇 차례나 뽕밭으로 변했지만
허공처럼 오직 가없이 이러-할 뿐이었네
언덕에 이른 이는 뗏목을 버리는데
건너지 못한 이는 배를 타야 건너네

둘째 송에서 말하였다.

스승을 찾아서 본심의 근원을 아니
양쪽 언덕이라지만 현묘해서 하나라 해도 온전치 않네
이것이 부처이니 다시 부처 찾지 마라
다만 이러-할 뿐 인연이라 할 것도 없네

滄溟幾度變桑田
唯有虛空獨湛然
已到岸人休戀筏
未曾度者要須船
其二曰。
尋師認得本心源
兩岸俱玄一不全
是佛不須更覓佛
只因如此更忘緣

대사는 함통(咸通) 10년에 구산에서 임종하니, 수명은 78세이고 법랍은 54세였다. 시호는 성공 대사(性空大師)이고 탑호는 혜관(慧觀)이었다.

師咸通十年終於本山。壽七十八。臘五十四。勅諡性空大師慧觀之塔也。

토끼뿔

'양쪽 언덕이라지만 현묘해서 하나라 해도 온전치 않네' 했는데 뭐라 해야 하겠는가? 빨리 일러라, 빨리 일러.

앞의 낙경(落京) 불광사(佛光寺) 여만(如滿) 선사의 법손

항주(杭州) 자사(刺史) 백거이(白居易)

백거이[66]는 자(字)는 낙천(樂天)이고 오랫동안 불광 선사를 모셔 마음의 법요를 깨닫고 겸하여 대승금강보계를 받았다.

원화(元和) 때에 서울의 흥선 선사의 법당에 가서 네 가지 법을 물었고,[67] 15년에 항주로 부임했다가 조과(鳥窠) 화상을 방문하여 문답하고 계송을 지었다.[68]

前落京佛光寺如滿禪師法嗣 唐杭州刺史白居易。字樂天。久參佛光得心法。兼稟大乘金剛寶戒。元和中造於京兆興善法堂致四問(語見興善章)。十五年牧杭州訪鳥窠和尚。有問答偈頌(鳥窠章敘訖)。

66) 백거이(772 ~ 846).
67) 흥선 선사편에서 볼 수 있다. (원주)
68) 조과 선사편에 서술되어 있다. (원주)

일찍이 제(濟) 법사에게 글을 쓰기를 '부처님께서는 위없는 큰 지혜로써 교리를 설하셨는데, 어찌 근기의 높고 낮음에 따라 드러내 보임이 병에 따라 응함과 다르다 할 것이며, 평등한 한 맛이라는 말과 서로 상반되겠는가?'라고 하며 『유마경』과 『금강삼매경』 등 여섯 가지 경을 인용하여 두 이치를 물리치면서 따졌다.

또 '오온과 십이인연에서 명과 색을 설할 때 앞뒤가 다르다.'라고 하며, 이치를 세워 증명하였으며〔徵〕[69] 아울러 깊고 심오한 이치를 탐색하고〔鉤深索隱〕[70] 깊고 미세한 도리를 통찰하였다〔通幽洞微〕[71]. 그러나 법사들이 대답하는 것을 보지 못했고, 후에도 또한 대신 답하는 사람이 드물었다.

嘗致書於濟法師。以佛無上大慧演出教理。安有徇機高下應病不同。與平等一味之說相反。援引維摩及金剛三昧等六經。闢二義而難之。又以五蘊十二緣說名色前後不類。立理而徵之。並鉤深索隱通幽洞微。然未覩法師讎對。後來亦鮮有代答者。

69) 징(徵) : 원문의 징(徵)은 검증, 증명이라는 뜻이다.

70) 구심색은(鉤深索隱) : 원문의 구심색은(鉤深索隱)은 깊고 심오한 학문을 파고들어 연구하고, 숨겨지고 비밀한 일을 탐색한다는 뜻이다.

71) 통유동미(通幽洞微) : 원문의 통유동미(通幽洞微)는 통달하다, 심오하고 깊고 미세한 도리를 통찰하다라는 뜻이다.

또 동도(東都) 응(凝) 선사의 팔점(八漸)의 과목을 받고, 각각 한 마디씩을 덧붙여 게송을 지어 그 취지를 해석하니, 얕은 곳으로부터 깊은 곳에 이르는 것이 마치 구슬을 꿰는 것 같았다.

취임하는 곳마다 조사의 도량을 방문하여 배웠는데, 일정한 스승이 없었다. 나중에 빈객(賓客)[72]으로서 동도(東都)를 맡아 다스릴 때에 자기의 봉급을 털어서 용문(龍門)의 향산사(香山寺)를 지었으며, 절을 낙성하고는 손수 기문을 지어 달았다.

무릇 글을 지을 때에는 교화와 관련지어 불법을 찬미하지 않은 것이 없었으니, 모두가 본집(本集)[73]에 있다. 그리고 그가 벼슬한 순서와 입멸〔歸全〕한 연대는 사전(史傳)에 남아 있다.

復受東都凝禪師八漸之目。各廣一言而為一偈釋其旨趣。自淺之深猶貫珠焉。凡守任處多訪祖道。學無常師。後為賓客分司東都。罄己俸修龍門香山寺。寺成自撰記。凡為文動關教化。無不贊美佛乘。見於本集。其歷官次第歸全代祀。即史傳存焉耳。

---

72) 빈객(賓客) : 관명(官名).
73) 본집(本集) : 백거이 문집.

토끼뿔

‘어찌 근기의 높고 낮음에 따라 드러내 보임이 병에 따라 응함과 다르다 할 것이며, 평등한 한 맛이라는 말과 서로 상반되겠는가?’ 라고 운운했는데

어떤 것이 평등한 한 맛인고?

대원은 “국화는 가을꽃이고 매화는 봄꽃이니라.” 하리라.

앞의 대매산(大梅山) 법상(法常) 선사의 법손

신라국(新羅國) 가지(迦智) 선사

가지 선사에게 어떤 승려가 물었다.
"어떤 것이 서쪽에서 오신 뜻입니까?"
대사가 말하였다.
"그대가 머릿속으로부터 오면 바로 말해 주리라."

"어떤 것이 대매산의 종지입니까?"
"소락(酥酪)[74]의 근본이라는 것마저 일시에 던져 버려라."

前大梅山法常禪師法嗣 新羅國迦智禪師。僧問。如何是西來意。師云。待汝裏頭來即與汝道。僧問。如何是大梅的旨。師云。酪本一時拋。

74) 소락(酥酪) : 소락은 소나 양등의 젖. 가장 순수한 자성을 비유.

토끼뿔

"어떤 것이 서쪽에서 오신 뜻입니까?" 했을 때

대원은 "뜻." 하리라.

"어떤 것이 대매산의 종지입니까?" 했을 때

대원은 "대매산의 매화니라." 하리라.

항주(杭州) 천룡(天龍) 화상

천룡 화상이 법상에 올라 말하였다.

"대중은 노승의 말을 기다리지 말고 올라오려면 올라오고, 내려가려면 내려가라. 제각기 화장세계(華藏世界)[75]의 성품 바다가 있어 걸림 없는 광명인 공덕을 모두 갖추었으니, 각자 참구해 봐라. 안녕〔珍重〕[76]."

어떤 승려가 물었다.

"어떤 것이 조사의 뜻입니까?"

대사가 불자를 세웠다.

杭州天龍和尚。上堂云。大眾莫待老僧上來便上來下去便下去。各有華藏性海具足功德無礙光明。各各參取珍重。僧問。如何是祖師意。師竪起拂子。

75) 화장세계(華藏世界) : 비로자나불 정토의 이름. 한량없는 공덕(功德)과 광대장엄(廣大莊嚴)을 갖춘 불국토(佛國土).

76) 진중(珍重) : 원문의 진중(珍重)은 편지의 마지막이나 헤어질 때 하는 인사말이다.

어떤 승려가 물었다.
"어찌해야 삼계를 벗어나겠습니까?"
대사가 말하였다.
"그대는 지금 어디에 있는가?"

僧問。如何得出三界去。師云。汝即今在什麼處。

토끼뿔

ᔓ 어떤 이가 "어떤 것이 조사의 뜻입니까?" 하기에
대원은 "그렇다면 스컹크의 방귀 같은 것이다." 한 적이 있는데,
천룡 화상과 같다 하겠는가, 다르다 하겠는가?

ᔓ 또 일찍이 어떤 이가 "어찌해야 삼계를 벗어나겠습니까?" 하기에 멱살을 잡아 밀쳐버렸다.
이도 천룡 화상과 같다 하겠는가, 다르다 하겠는가?
바로 가려내는 이는 밝다 하리라.

앞의 영태사(永泰寺) 영단(靈湍) 선사의 법손

호남(湖南) 상림(上林) 계령(戒靈) 선사

계령 선사가 처음에 위산을 뵈니 위산이 물었다.
"대덕은 무엇 하러 왔는가?"
대사가 말하였다.
"갑옷과 투구를 완전히 갖추었습니다."
위산이 말하였다.
"모두 벗고 오라. 그대를 만나 주겠다."
"벗었습니다."

前永泰寺靈湍禪師法嗣 湖南上林戒靈(目錄作虛)[77]禪師。初參溈山。曰大德作什麼來。師曰。介胄全具。溈山曰。盡卸了來與大德相見。師曰。卸了也。

---

77) 靈이 원나라본 주와 목록에 虛로 되어 있다. (원주)

위산이 꾸짖으며 말하였다.

“도적을 아직 때리지도 않았는데 왜 벗었는가?”

대사가 대답하지 못하니, 앙산이 대신 말하였다.

“화상께 청하니 좌우를 물리쳐 주십시오.”

위산이 손을 읍(揖)하고, “예, 예.” 하였다.

나중에 대사가 영태사에 가서 비로소 이 뜻을 깨달았다.

潙山咄曰。賊尚未打卸作什麼。師無對。仰山代云。請和尚屏左右。潙山以手揖云喏喏。師後參永泰方喻其旨。

"갑옷과 투구를 완전히 갖추었습니다." 하니 "모두 벗고 오라." 했을 때

대원은 고기 낚는 시늉을 하고, "벗고 입는 것이라면 어찌 온전한 갑옷이겠습니까?" 하리라.

오대산(五臺山) 비마암(祕魔巖) 화상

비마암 화상은 항상 끝이 휘어진 나뭇가지 하나를 가지고 있다가, 매번 승려가 와서 절을 하는 것을 보면 그의 목을 걸어 당기며 말하였다.

"어떤 놈의 도깨비가 너를 출가시켰느냐? 어떤 놈의 마귀가 너를 행각 시켰느냐? 말을 하여도 나뭇가지로 목을 졸라 죽이고, 말을 하지 못해도 나뭇가지로 목을 졸라 죽일 것이니 빨리 말하라."

배우는 승려들 가운데 대답하는 이가 드물었다.[78]

五臺山祕魔巖和尙。常持一木叉。每見僧來禮拜。即叉却頸云。那箇魔魅教汝出家。那箇魔魅教汝行脚。道得也叉下死。道不得也叉下死。速道。學僧鮮有對者(法眼代云乞命。法燈代云。但引頸示之。玄覺代云。老兒家放却叉子得也)。

78) 법안(法眼)이 대신 말하기를 "살려 주십시오." 하였다.
법등(法燈)이 대신 목을 쭉 빼어 보였다.
현각(玄覺)이 대신 말하기를 "늙은이여, 갈고리마저 내려놓아야 된다." 하였다. (원주)

토끼뿔

비마암 화상은 매번 승려가 와서 절을 하는 것을 보면 그의 목을 걸어 당기며 말하기를 “어떤 놈의 도깨비가 너를 출가시켰느냐? 어떤 놈의 마귀가 너를 행각 시켰느냐? 말을 하여도 나뭇가지로 목을 졸라 죽이고, 말을 하지 못해도 나뭇가지로 목을 졸라 죽일 것이니 빨리 말하라.” 했는데

당시에 대원이었다면 갈고리를 걸어잡고,

“죽이느니 어쩌느니는 화상 업의 말이고. 험. 진정 그럴 수 있는 것입니까?” 하리라.

호남(湖南) 기림(祇林) 화상

기림 화상은 항상 문수보살과 보현보살을 모두 마귀라고 꾸짖으면서 손에는 목검을 들고 자신이 마귀를 항복시킨다고 하였다.

승려들이 와서 뵙기만 하면 "마귀가 왔다, 마귀가 왔다."라고 하면서 목검을 어지러이 휘두르다가 방장으로 들어갔다.

이와 같이 하기를 12년 동안 계속하다가 나중에 검을 놓고 말이 없으니, 어떤 승려가 물었다.

"12년 이전에는 어찌하여 마군을 항복시켰습니까?"

대사가 말하였다.

"도적은 가난한 집을 털지 않는다."

"12년 이후에는 어찌하여 마군을 항복시키지 않습니까?"

"도적은 가난한 집을 털지 않는다."

湖南祇林和尚。每叱文殊普賢皆為精魅。手持木劍自謂降魔。纔有僧參禮。便云。魔來也魔來也。以劍亂揮潛入方丈如是十二年。後置劍無言。僧問。十二年前為什麼降魔。師曰。賊不打貧兒家。曰十二年後為什麼不降魔。師曰。賊不打貧兒家。

토끼뿔

"도적은 가난한 집을 털지 않는다." 했을 때

당시 대원이었다면 "가난한 집에도 도적이 들고 날 문이 있습니까?" 했을 것이다.
"험."

앞의 유주(幽州) 반산(盤山) 보적(寶積) 선사의 법손

진주(鎭州) 보화(普化) 화상

보화 화상이 어떤 사람인지 알 수 없으나, 반산(盤山)을 스승으로 섬기어 참 비결을 비밀리에 전해 받고, 미친 시늉으로 말을 두서없이 하였다.

반산이 세상을 떠난 뒤에는 북쪽 지방에서 교화를 폈는데, 성이나 시장이나 무덤 사이에서 방울 하나를 흔들면서 이렇게 외쳤다.

"밝은 것이 왔다 해도 때리고, 어두운 것이 왔다 해도 때린다."

어느 날 임제(臨濟)가 승려를 시켜 붙들고 묻게 하였다.

前幽州盤山寶積禪師法嗣 鎭州普化和尚者。不知何許人也。師事盤山密受真訣。而佯狂出言無度。暨盤山順世乃於北地行化。或城市或塚間。振一鐸云。明頭來也打。暗頭來也打。一日臨濟令僧捉住云。

"밝지도 어둡지도 않을 때에는 어떠합니까?"
"내일 대비원(大悲院)에 제사가 있단다."

사람을 보면 지위의 고하를 막론하고 모두 방울을 한 번 흔들어 보이니, 당시의 사람들이 보화 화상(普化和尙)이라 불렀다.
혹은 방울을 사람들의 귓전에다 대고 흔들거나 혹은 손으로 등을 어루만졌는데, 그럴 때에 돌아보는 이가 있으면 곧 손을 펴면서 "돈 한 닢 주구려." 하였다.
때가 아닌데도 음식을 만나면 먹었으니, 한번은 해질녘에 임제원(臨濟院)에 들어가서 생채쌈을 먹는데 임제가 말하였다.
"저자는 마치 당나귀 같구나."
대사가 문득 나귀 울음소리를 내니 임제는 그만두었다.[79)]

不明不暗時如何。答云。來日大悲院裏有齋。凡見人無高下皆振鐸一聲。時號普化和尚。或將鐸就人耳邊振之。或拊其背。有迴顧者即展手云。乞我一錢。非時遇食亦喫。嘗暮入臨濟院喫生菜飯。臨濟曰。這漢大似一頭驢。師便作驢鳴。臨濟乃休。[80)](僧問法眼未審臨濟當時下得什麼語。法眼云。臨濟留與後人)。

---

79) 어떤 승려가 법안(法眼)에게 묻기를 "임제 화상이 당시에 무슨 말을 했어야 하겠습니까?" 하니, 법안이 말하기를 "임제가 후인들에게 남겨놓았다." 하였다. (원주)

80) 송, 원나라본에는 臨濟乃休아래에 師曰。臨濟小廝兒只具一隻眼이 있다.

마보사(馬步使)가 나와서 갈도(喝道)[81]하는 것을 보고 대사도 갈도를 하면서 씨름하는 시늉을 하였다.

마보사가 사람을 시켜 다섯 방망이를 때리게 하니, 대사가 말하였다.

"비슷하기는 비슷하나 옳지는 않다."

대사가 일찍이 시장에서 방울을 흔들면서 외쳤다.

"갈 곳을 찾아도 찾을 수 없구나."

이때에 도오(道吾)가 대사를 만나 붙들고 물었다.

"그대가 가려는 곳이 어디인가?"

대사가 말하였다.

"그대는 어디서 왔는가?"

도오가 말이 없으니, 대사는 손을 털면서 떠나 버렸다.

師見馬步使出喝道師亦喝道及作相撲勢。馬步使令人打五棒。師曰。似即似是即不是。師嘗於闤闠間搖鐸唱曰。覓箇去處不可得。時道吾遇之把住問曰。汝擬去什麼處。師曰。汝從什麼處來。道吾無語。師掣手便去。

---

81) 갈도(喝道) : 귀한 사람이 행차할 때에 하인이 큰 소리로 '쉬이, 길을 비켜라.'라고 외치면서 길을 여는 것.

어느 날, 임제가 하양 목탑사(木塔寺)의 장로와 승당에 같이 앉아 있을 때 말하였다.

"보화가 날이면 날마다 시중거리에서 실성한 짓을 한다니, 그 이를 범부라 해야 하겠소, 성인이라 해야 하겠소?"

말을 채 마치기도 전에 대사가 들어오니, 임제가 말하였다.

"당신은 범부요, 성인이요?"

대사가 말하였다.

"그대가 또한 일러 보게. 내가 범부인가, 성인인가?"

임제가 할을 하자, 대사가 손으로 가리키며 말하였다.

"하양은 새색시(新婦)요, 목탑은 노파선(老婆禪)이다. 임제 어린 종〔小廝〕이 다만 외눈을 갖췄구나."

임제가 말하였다

"저 도적."

대사가 "도적아, 도적아." 하면서 바로 나가 버렸다.

臨濟一日與河陽木塔長老同在僧堂內坐。因說普化每日在街市中掣風掣顚。知他是凡是聖。言猶未了師入來。濟便問。汝是凡是聖。師云。汝且道我是凡是聖。濟便喝。師以手指云。河陽新婦子。木塔老婆禪。臨濟小廝兒只具一隻眼。濟云。這賊。師云。賊賊。便出去。[82]

---

82) 臨濟一日與河陽水塔에서 便出去까지 송, 원나라본에는 一日入臨濟院。臨濟曰賊賊。師亦曰賊賊。同入僧堂。臨濟指聖僧問是凡是聖。師曰是聖。臨濟曰。作遮箇語話。師乃撼鐸唱曰。河陽新婦子。木塔老婆禪。臨濟小廝兒只具一隻眼으로 되어 있다.

당의 함통(咸通) 초에 임종할 때가 가까워지자 시장에 들어가서 사람들에게 말하였다.

"장삼을 하나 해주시오."

사람들이 웃옷을 주기도 하고 외투를 주기도 하였으나, 모두 받지 않고 방울을 흔들면서 가버렸다.

이때에 임제가 사람들을 시켜 관(棺) 하나를 전하니, 대사가 웃으면서 말하였다.

"임제, 그 애가 말이 많았구나."

곧 관을 받고는 대중에게 작별인사를 하였다.

"보화가 내일은 동문에서 죽으리라."

고을 사람들이 앞을 다투어 성 밖으로 나오니, 대사는 소리를 높여 말하였다.

"오늘은 일진이 맞지 않는다. 내일 남문에서 죽으리라."

사람들이 다음날 또 따라가니 다시 말하였다.

"내일 서문으로 나가야 좋을 것 같다."

師唐咸通初將示滅。乃入市謂人曰。乞一箇直裰。人或與披襖或與布裘。皆不受振鐸而去。時臨濟令人送與一棺。師笑曰。臨濟廝兒饒舌。便受之。乃告辭曰。普化明日去東門遷化。郡人相率送出城。師厲聲曰。今日葬不合青烏。乃曰。第二日南門遷化。人亦隨之。又曰。明日出西門方吉。

이에 사람들은 차츰 줄어들고 나갔던 사람들도 곧 돌아오니 사람들의 뜻이 거의 무심하게 되었다. 그러자 넷째 날에는 몸소 관을 메고 북문 밖으로 나가 방울을 흔들면서 관으로 들어가 입적하였다.

고을 사람들이 앞을 다투어 성문을 나가서 관을 열어 보니, 벌써 시체는 보이지 않고 방울소리만이 차츰 멀어져 갔는데 그 까닭은 알 수가 없었다.

人出漸稀。出已還返。人意稍怠。第四日自擎棺出北門外。振鐸入棺而逝。郡人奔走出城。揭棺視之已不見。唯聞鐸聲漸遠。莫測其由。

토끼뿔

∽ "돈 한 닢 주구려." 했을 때

대원은 손을 꽉 잡고 "천금 만금 억만금인들 되겠습니까?" 하리라.

∽ "그대는 어디서 왔는가?" 했을 때

등이나 한 번 쓰다듬어 주었어야 했다.

∽ "그대가 또한 일러 보게. 내가 범부인가, 성인인가?" 했을 때

대원은 오른쪽 귀를 만지고 왼쪽 귀를 만졌을 것이다.
"험."

앞의 용아산(龍牙山) 원창(圓暢) 선사의 법손

가화(嘉禾) 장이(藏廙) 선사

장이 선사는 구주(衢州) 신안 사람으로 성은 정(程)씨이다. 당의 원화(元和) 때에 부모를 하직하고 장사(長沙)의 악록사(嶽麓寺)에 가서 영지(靈智) 율사에 의해 출가하였다.

장경(長慶) 3년 무릉(武陵) 개원사(開元寺)에서 계를 받을 때에 율부(律部)를 듣다가 동학(同學)에게 말하였다.

"교리의 문은 번거롭고 넓으니 마땅히 총괄하는 문을 두드려야겠다."

前龍牙山圓暢禪師法嗣 嘉禾藏廙禪師。衢州信安人也。姓程氏。唐元和中辭親往長沙嶽麓寺。禮靈智律師出家。長慶三年於武陵開元寺受戒。因聽律部語同學曰。教門繁廣宜扣總門。

그리고는 인연을 따라 용아산의 원창 선사를 찾아가서 뵈니, 용아가 말하였다.

"오온과 십팔계가 참이 아니요, 부처니 중생이니 하는 것은 내가 아니니, 그대의 올바른 근본은 무엇이라 이름해야 하며, 누구에게서 얻는 것인가?"

대사는 그 말에 깨닫고, 가산(柯山)으로 돌아가서 회창사태(會昌沙汰)를 피하였다.

나중에 용흥에서 도화(道化)를 널리 펴다가 건부(乾符) 6년 3월에 입적하니, 수명은 82세이고 법랍은 56세였다.

遂緣會龍牙山暢禪師。龍牙告之曰。蘊界不真。佛生非我。子之正本當復何名而從誰得。師一言領悟。迴柯山避會昌沙汰。後於龍興廣揚道化。乾符六年三月中長往。壽八十二。臘五十六。

토끼뿔

대원이 자문자답 하노라.

어떤 것이 총괄하는 문인고?
"획."

앞의 귀종사(歸宗寺) 지상(智常) 선사의 법손

복주(福州) 부용산(芙蓉山) 영훈(靈訓) 선사

영훈 선사가 처음에 귀종을 뵙고 물었다.

"어떤 것이 부처입니까?"

귀종이 말하였다.

"내가 그대에게 말한다면 그대는 믿겠는가?"

"화상께서 말씀하시는 진실한 말을 어찌 감히 믿지 않겠습니까?"

"바로 그대이니라."

"어떻게 보림하리까?"

前歸宗寺智常禪師法嗣 福州芙蓉山靈訓禪師。初參歸宗問。如何是佛。宗曰。我向汝道汝還信否。師曰。和尚發誠實言何敢不信。宗曰。即汝便是。師曰。如何保任。

귀종이 말하였다.

"하나라도 눈에 가린 것이 있으면 허공의 꽃이 어지러이 일어난다."[83)]

대사가 귀종에게 하직을 아뢰니, 귀종이 물었다.

"자네는 어디로 가려는가?"

"영중(嶺中)으로 돌아가겠습니다."

"자네가 여기에 여러 해 있었으니 짐을 꾸려 놓고 잠시 오라. 내가 자네에게 제일의 최상불법을 말해 주리라."

대사가 짐을 꾸려 놓고 법당에 올라가니, 귀종이 말하였다.

"가까이 오너라."

대사가 그의 앞으로 다가서니, 귀종이 말하였다.

"날씨가 차가우니 도중에 조심하라."

대사가 이 말을 듣고 이전의 견해를 단박에 잊었다. 뒤에 입적하니 홍조 대사(弘照大師)라 시호하고, 탑은 원상(圓相)이라 하였다.

宗曰。一翳在眼空華亂墜(法眼云。歸宗若無後語有什麼歸宗也)。師辭歸宗。宗問。子什麼處去。師曰。歸嶺中去。宗曰。子在此多年裝束了却來。為子說一上佛法。師結束了上堂。宗曰。近前來。師乃近前。宗曰。時寒途中善為。師聆此一言頓忘前解。後歸寂諡弘照大師。塔曰圓相。

---

83) 법안(法眼)이 말하기를 "귀종(歸宗)이 만일 뒷말을 하지 않았더라면 귀종(歸宗)이라 할 것이 무엇이랴." 하였다. (원주)

토끼뿔

"날씨가 차가우니 도중에 조심하라."를 어찌해야 최상의 불법으로 듣겠는가? 각자 일러 봐라.

한남(漢南) 곡성현(穀城縣) 고정(高亭) 화상

어떤 승려가 협산(夾山)에서 와서 절을 하니, 대사가 때렸다. 그 승려가 말하였다.

"특별히 와서 절을 했는데 스님께서는 왜 때리십니까?"

그 승려가 다시 절을 하니, 대사가 또 때리고 쫓아냈다.

그 승려가 돌아가서 협산에게 이야기하니, 협산이 말하였다.

"그대는 알겠는가?"

"모르겠습니다."

"그대가 모르는 것이 다행이다. 만일 알았다면 나는 벙어리가 되었을 것이다."

漢南穀城縣高亭和尚。有僧自夾山來禮拜。師便打。僧云。特來禮拜。師何打。其僧再禮拜。師又打趁。僧迴舉似夾山。夾山云。汝會也無。僧云。不會。夾山云。賴汝不會。若會即夾山口瘂。

토끼뿔

"그대는 알겠는가?" 하니 "모르겠습니다." 했을 때

대원은 "바로 그것이었느니라." 하리라.
악!
험.

신라국(新羅國) 대모(大茅) 화상

대모 화상이 상당하여 말하였다.

"모든 부처님과 조사를 알고자 하면 무명의 마음속을 향해서 알아차려야 하고, 상주하여 시들지 않는 성품을 알고자 하면 만 가지 초목이 변천하는 곳을 향해서 알아차려라."

어떤 승려가 물었다.

"어떤 것이 대모의 경지입니까?"

대사가 말하였다.

"칼끝을 드러내지 않는다."

"어찌하여 칼끝을 드러내지 않습니까?"

"당할 자가 없느니라."

新羅大茅和尚。上堂云。欲識諸佛師。向無明心內識取。欲識常住不彫性。向萬木遷變處識取。僧問。如何是大茅境。師云。不露鋒。僧云。為什麼不露鋒。師云。無當者。

토끼뿔

"어떤 것이 대모의 경지입니까?" 했을 때

대원은 "그런 것이 없느니라." 하리라.

"어찌하여 칼끝을 드러내지 않습니까?" 했을 때

대원은 "귀가 있어도 듣지 못하고 눈이 있어도 보지 못하는 자로구나." 하리라.

오대산(五臺山) 지통(智通) 선사

지통 선사[84]는 처음에 귀종의 회상에 있었는데, 어느 날 밤에 홀연히 순당(巡堂)[85]을 하다가 소리쳤다.

"나는 이미 크게 깨달았다."

대중이 모두 놀랐는데, 이튿날 귀종이 상당하여 대중을 모으고 물었다.

"지난밤에 크게 깨달았다는 승려는 나와라."

대사가 나서면서 말하였다.

"지통입니다."

귀종이 말하였다.

"그대는 어떤 도리를 보았기에 크게 깨달았다 했는가? 시험삼아 나에게 말해 봐라."

五臺山智通禪師(自稱大禪佛)。初在歸宗會下時。忽一夜巡堂叫云。我已大悟也。眾駭之。明日歸宗上堂集眾問。昨夜大悟底僧出來。師出云。智通。歸宗云。汝見什麼道理言大悟。試說似吾看。

---

84) 스스로 대선불(大禪佛)이라 칭하였다. (원주)

85) 순당(巡堂) : 법당 주변을 도는 행사.

"비구니〔師姑〕[86]는 원래 여자입니다."

귀종이 묵묵히 말이 없었으나 그를 뛰어나게 여겼다.

대사가 하직하는데 귀종이 문까지 전송을 나와서 삿갓을 주니, 대사가 받아서 머리에 쓰고 가면서 다시는 돌아보지도 않았다.

나중에 오대산 법화사(法華寺)에 있다가 임종할 때에 게송을 남겼다.

손을 들어 남두성〔南斗〕을 더듬고
몸을 돌려 북극성〔北辰〕에 기댄다
하늘 밖으로 머리를 내밀어 보나니
누가 나와 같은 사람이냐

師對云。師姑天然是女人作。歸宗默而異之。師便辭。歸宗門送與拈笠子。師接得笠子戴頭上便行。更不迴顧。後居臺山法華寺。臨終有偈曰。

擧手攀南斗
迴身倚北辰
出頭天外見
誰是我般人

86) 사고(師姑) : 원문의 사고(師姑)는 선종(禪宗)에서 비구니를 이르는 말이다.

토끼뿔

대원이 송하기를
어떤 것이 더듬는 손이며 북극성에 기댈 몸인고?

기러기는 겨울에 찾아오고
제비는 봄이 돼야 오는데
참새는 처마가에 항시 있고
까치도 춘하추동 볼 수 있네

앞의 화엄사(華嚴寺) 지장(智藏) 선사의 법손

황주(黃州) 제안(齊安) 화상

제안 화상이 배우는 무리에게 보였다.

"말하는 구절에 떨어지지 않아야 하니 부처와 조사도 헛되이 베푼 것이다. 현운(玄韻)[87]에도 떨어지지 않아야 하는데 어느 사람이 알겠는가?"

어떤 승려가 물었다.

"어떻게 해야 자기의 부처를 알겠습니까?"

前華嚴寺智藏禪師法嗣 黃州齊安和尚。示學眾曰。言不落句佛祖徒施。玄韻不墜誰人知得。僧問。如何識得自己佛。

87) 현운(玄韻) : 깊은 진리의 말.

대사가 말하였다.

"잎사귀 하나에 시절이 분명하니 소식이 다함이 없고, 솔바람에 운율이 그쳐도 아는 이 없음을 원망하네."

승려가 말하였다.

"어떤 것이 자기의 부처입니까?"

"풀 앞의 준마는 진실로 궁하기 어렵고, 묘를 다한다 할지라도 축생행일 뿐이다."

어떤 사람이든 대사의 나이를 물으면 대사가 대답하였다.

"5·6·4·3 과는 닮지 않았으니 어찌 1·2와 같을 수 있으랴. 진실로 궁구하면 어려우니라."

대사가 게송으로 말하였다.

師曰。一葉明時消不盡。松風韻罷怨無人。僧曰。如何是自己佛。師曰。草前駿馬實難窮。妙盡還須畜生行。人問。大師年多少。師曰。五六四三不得類。豈同一二實難窮。師有頌曰。

훨훨 타는 불 속의 사람에게도 길이 있고
회오리 바람의 정상에도 우뚝 솟은 자리가 있거늘
항상함이 겁을 지난다한들 무슨 차이가 있으랴
밝은 해가 말없이 고르게 비춘다

대사는 후에 봉상에 거주하였다.

猛熾焰中人有路
旋風頂上屹然棲
鎮常歷劫誰差互
杲日無言運照齊
師後居鳳翔。

토끼뿔

"말하는 구절에 떨어지지 않아야 하니 부처와 조사도 헛되이 베푼 것이다. 현운(玄韻)에도 떨어지지 않아야 하는데 어느 사람이 알겠는가?" 했을 때

대중은 무엇이라 하겠는가?

대원은 대신 송하노라.

나무말은 버들 밑에 피리 불고
금사자는 흥 취해 춤을 추는데
돌양은 관중석서 박수일세

색 인 표

색 인 표

색 인 표

색인표

색 인 표

ㅊ

ㅌ

ㅍ

ㅎ

색 인 표

부록은 농선 대원 선사님의 인가 내력과 법어 그리고 대원 선사님께서 직접 작사하신 노래 가사를 실었다. 특히 요즘 선지식 없이 공부하는 이들을 위하여 수행의 길로부터 불보살님의 누림까지 닦아 증득할 수 있도록 ‘부록4’에 ‘가슴으로 부르는 불심의 노래’ 가사를 담았으니, 끝까지 정독하여 수행의 요긴한 지침이 되기를 바란다.

부 록

농선 대원 선사님 인가 내력

제 1 오도송

이 몸을 끄는 놈 이 무슨 물건인가?
골똘히 생각한 지 서너 해 되던 때에
쉬이하고 불어온 솔바람 한 소리에
홀연히 대장부의 큰 일을 마치었네

무엇이 하늘이고 무엇이 땅이런가
이 몸이 청정하여 이러-히 가없어라
안팎 중간 없는 데서 이러-히 응하니
취하고 버림이란 애당초 없다네

하루 온종일 시간이 다하도록
헤아리고 분별한 그 모든 생각들이
옛 부처 나기 전의 오묘한 소식임을
듣고서 의심 않고 믿을 이 누구인가!

此身運轉是何物
疑端汨沒三夏來
松頭吹風其一聲
忽然大事一時了

何謂青天何謂地
當體淸淨無邊外
無內外中應如是
小分取捨全然無

一日於十有二時
悉皆思量之分別
古佛未生前消息
聞者卽信不疑誰

대원 선사님의 스승이신 불조정맥 제77조 조계종(曹溪宗) 전강(田岡) 대선사님께서 1962년 대구 동화사의 조실로 계실 당시 대원 선사님께서도 동화사에 함께 머무르고 계셨다.

하루는 전강 대선사님께서 대원 선사님의 3연으로 되어 있는 제1오도송을 들어 깨달은 바는 분명하나 대개 오도송은 짧게 짓는다고 말씀하셨다. 이에 대원 선사님께서는 제1오도송을 읊은 뒤, 도솔암을 떠나 김제들을 지나다가 석양의 해와 달을 보고 문득 읊었던 제2오도송을 일러드렸다.

제 2 오도송

해는 서산 달은 동산 덩실하게 얹혀 있고
김제의 평야에는 가을빛이 가득하네
대천이란 이름자도 서지를 못하는데
석양의 마을길엔 사람들 오고 가네

日月兩嶺載同模
金提平野滿秋色
不立大千之名字
夕陽道路人去來

제2오도송을 들으신 전강 대선사님께서는 이에 그치지 않고 그와 같은 경지를 담은 게송을 이 자리에서 즉시 한 수 지어볼 수 있겠냐고 하셨다. 대원 선사님께서는 곧바로 다음과 같이 읊으셨다.

바위 위에는 솔바람이 있고
산 아래에는 황조가 날도다

대천도 흔적조차 없는데
달밤에 원숭이가 어지러이 우는구나

岩上在松風
山下飛黃鳥
大千無痕迹
月夜亂猿啼

전강 대선사님께서는 위 송의 앞의 두 구를 들으실 때만 해도 지그시 눈을 감고 계시다가 뒤의 두 구를 마저 채우자 문득 눈을 뜨고 기뻐하는 빛이 역력하셨다.

그러나 전강 대선사님께서는 여기에서도 그치지 않고 다시 한 번 물으셨다.

"대중들이 자네를 산으로 불러내어 그 중에 법성(향곡 스님 법제자인 진제 스님. 동화사 선방에 있을 당시에 '법성'이라 불렸고, 나중에 '법원'으로 개명하였다.)이 달마불식(達磨不識) 도리를 일러보라 했을 때 '드러났다'라고 답했다는데, 만약에 자네가 당시의 양무제였다면 '모르오'라고 이르고 있는 달마 대사에게 어떻게 했겠는가?"

대원 선사님께서 답하셨다.

"제가 양무제였다면 '성인이라 함도 서지 못하나 이러-히 짐의 덕화와 함께 어우러짐이 더욱 좋지 않겠습니까?' 하며 달마 대사의 손을 잡아 일으켰을 것입니다."

전강 대선사님께서 탄복하며 말씀하셨다.

"어느새 그 경지에 이르렀는가?"

"이르렀다곤들 어찌하며, 갖추었다곤들 어찌하며, 본래라곤들 어찌하리까? 오직 이러-할 뿐인데 말입니다."

대원 선사님께서 연이어 말씀하시자 전강 대선사님께서 이에 환희하시니 두 분이 어우러진 자리가 백아가 종자기를 만난 듯, 고수명창 어울리듯 화기애애하셨다.

달마불식 공안에 대한 위의 문답은 내력이 있는 것이다. 전강 대선사님께서 대원선사님을 부르시기 며칠 전에, 저녁 입선 시간 중에 노장님 몇 분만이 자리에 앉아있을 뿐 자리가 텅텅 비어 있었다고 한다.

대원 선사님께서 이상히 여기고 있던 중, 밖에서 한 젊은 수좌가 대원선사님을 불렀다. 그 수좌의 말이 스님들이 모두 윗산에 모여 기다리고 있으니 가자고 하기에 무슨 일인가 하고 따라가셨다.

그러자 그 자리에 있던 법성 스님이 보자마자 달마불식 법문을 들고 이르라고 하기에 지체없이 답하셨다.

"드러났다."

곁에 계시던 송암 스님께서 또 안수정등 법문을 들고 물으셨다.

"여기서 어떻게 살아나겠소?"

대뜸 큰소리로 이르셨다.

"안·수·정·등."

이에 좌우에 모인 스님들이 함구무언(緘口無言)인지라 대원 선사님께서는 먼저 그 자리를 떠나 내려와 버리셨다.

그 다음날 입승인 명허 스님께서 아침 공양이 끝난 자리에서 지난 밤 입선시간 중에 무단으로 자리를 비운 까닭을 묻는 대중 공사를 붙여

산 중에서 있었던 일들이 낱낱이 드러나고 말았다. 그리하여 입선시간 중에 자리를 비운 스님들은 가사 장삼을 수하고 조실인 전강 대선사님께 참회의 절을 했던 일이 있었다.

전강 대선사님께서는 이때에 대원 선사님께서 달마불식 도리에 대해 일렀던 경지를 점검하셨던 것이다.

이런 철저한 검증의 자리가 있었던 다음 날, 전강 대선사님께서 부르시기에 대원 선사님께서 가보니 모든 것이 약조된 데에서 주지인 월산(月山) 스님께서 입회해 계셨으며 전강 대선사님께서는 곧바로 다음과 같이 전법게(傳法偈)를 전해주셨다.

전 법 게

부처와 조사도 일찍이 전한 것이 아니거늘
나 또한 어찌 받았다 하며 준다 할 것인가
이 법이 2천년대에 이르러서
널리 천하 사람을 제도하리라

佛祖未曾傳
我亦何受授
此法二千年
廣度天下人

덧붙여 이 일은 월산 스님이 증인이며 2000년까지 세 사람 모두 절대 다른 사람이 알게 하거나 눈에 띄게 하지 않아야 한다고 당부하셨다.

만약 그러지 않을 시에는 대원 선사님께서 법을 펴 나가는데 장애가 있을 것이라고 예언하셨다. 또한 각별히 신변을 조심하라 하시고 월산 스님에게 명령해 대원선사님을 동화사의 포교당인 보현사에 내려가 교화에 힘쓰게 하셨다.

대원 선사님께서 보현사로 떠나는 날, 전강 대선사님께서는 미리 적어두셨던 부송(付頌)을 주셨으니 다음과 같다.

부 송

어상을 내리지 않고 이러-히 대한다 함이여
뒷날 돌아이가 구멍 없는 피리를 불리니
이로부터 불법이 천하에 가득하리라

不下御床對如是
後日石兒吹無孔
自此佛法滿天下

위의 게송에서 '어상을 내리지 않고 이러-히 대한다 함이여'라는 첫째 줄 역시 내력이 있는 구절이다.

전에 대원 선사님께서 전강 대선사님을 군산 은적사에서 모시고 계실 당시 마당에서 홀연히 마주쳤을 때 다음과 같은 문답이 있었다.

전강 대선사님께서 물으셨다.

"공적(空寂)의 영지(靈知)를 이르게."

대원 선사님께서 대답하셨다.

"이러-히 스님과 대담(對談)합니다."

"영지의 공적을 이르게."

"스님과의 대담에 이러-합니다."

"어떤 것이 이러-히 대담하는 경지인가?"

"명왕(明王)은 어상(御床)을 내리지 않고 천하 일에 밝습니다."

위와 같은 문답 중에 대원 선사님께서 답하신 경지를 부송의 첫째 줄에 담으신 것이다.

전강 대선사님께서 대원선사님을 인가(印可)하신 과정을 볼 때 한 번, 두 번, 세 번을 확인하여 철저히 점검하신 명안종사의 안목에 탄복하지 않을 수 없으며 이에 끝까지 1초의 머뭇거림도 없이 명철하셨던 대원선사님께 찬탄하지 않을 수 없다.

그리하여 법열로 어우러진 두 분의 자리가 재현된 듯 함께 환희용약하지 않을 수 없다.

이제 전강 대선사님과 약속한 2천년대를 맞이하였으므로 여기에 전법게를 밝힌다.

이로써 경허, 만공, 전강 대선사님으로 내려온 근대 대선지식의 정법의 횃불이 이 시대에 이어져 전강 대선사님의 예언대로 불법이 천하에 가득할 것이다.

농선 대원 선사님 법어

깨달음은 실증실수다. 그러나 지금의 불교가 잘못된 견해와 지식으로 불조의 가르침을 왜곡하고 견성성불 하고자 애쓰는 수행인들을 오히려 길을 잃고 헤매게 하고 있다.

그래서 이 장에서는 대원 선사님의 혜안으로 제방에서 논의되는 불교의 핵심적인 대목을 밝혀, 불조의 근본 종지를 드러내고 불교가 나아가야 할 바를 보였다.

깨달음의 정수를 담은 12게송은 실제 깨닫지 못하고 말로만 깨달음을 말하거나 혹은 깨달았다 해도 보림이 미진한 이들을 경계하게 하며 실증의 바탕에서 닦아 증득할 수 있도록 하였으니, 생사를 결단하고 본연한 참나를 회복하려는 이들에게 칠흑 같은 밤길에 등불과 같은 길잡이가 될 것이다.

개유불성

부처님께서 분명히 준동함령 개유불성(蠢動含靈 皆有佛性)이라고 하셨다. 이것은 모든 만물이 다 부처가 될 성품을 갖고 있다는 뜻이다. 불성이 하나라고 주장하는 목소리가 불교계에 드높으나 이것은 개유불성 즉, 낱낱이 제 불성은 제가 지니고 있다는 부처님의 말씀을 정면으로 어기는 말이다.

옛 선사님 말씀에 '천지(天地)가 여아동근(與我同根)이고 만물(万物)이 여아일체(與我一切)'라고 했다. '천지가 여아동근이다' 라는 것은 하늘 땅이 나와 더불어 같은 뿌리라는 말이다.

'나와 더불어'라고 했고 또한 한 뿌리가 아니라 같은 뿌리라고 했다. '더불 여(與)'자와 '같을 동(同)'자가 이미 하나라 할 수 없다는 것을 말해주고 있다. 즉 이 말은 하나와도 같다, 한결같이 똑같다는 말이다. 하나라면 '같을 동'자 뿐만 아니라 일이란 글자도 설 수 없다. 일은 이가 있을 때에야 비로소 설 수 있는 것이다.

그러므로 '천지가 여아동근이다' 즉 하늘과 땅이 나와 더불어 같은 뿌리라는 것은 모든 것이 한결같이 가없는 성품 자체에서 비롯되었다는 말이다.

또한 '만물이 여아일체이다' 즉 만물이 나와 더불어 한 몸이라는 말에서 일체란 하나의 몸을 말하는 것이 아니라 모든 불성이 가없는 성품 자체로 서로 상즉한 온통인 몸을 말하는 것이어서 만물이 나와 더불어 상즉한 자체를 말한 것이다.

공부를 많이 한 사람이 외도에 깊이 떨어지는 경우가 있다. 인가를 받지 못한 선지식들이 모두 체성을 보지 못한 이는 아니다. 가없는 성품 자체에 사무치고 보니 도저히 둘일 수가 없으므로 불성이 하나라고 한 것이다. 그러나 불성이 하나라고 하는 것은 바른 깨달음이 아니다. 그래서 인가를 받지 않으면 외도라 하는 것이다. 체성에 사무쳤다 해도 스승의 지도를 받아 일체종지를 이루지 못하면 이런 큰 허물을 짓는 것이다.

만약 불성이 하나라고 하는 이가 있으면 "아픈 것을 느끼는 것이 몸뚱이냐, 자성이냐?"라고 물어야 한다. 그러면 당연히 누구나 자성이라고 답할 것이다. 만약 몸뚱이가 아픔을 느끼는 것이라면 시체도 아픔을 느껴야 하기 때문이다. 이렇게 볼 때에 자성이 하나라면 누군가 아플 때 동시에 모두 아픔을 느껴야 할 것이다. 또한 한 사람이 생각을 일으킬 때 이를 모두 알아야 한다. 불성이 하나라면 마음도 하나여서 다른 마음이 있을 수 없기 때문이다.

돈오돈수

제방에 돈오돈수(頓悟頓修)에 대한 여러 가지 서로 다른 주장으로 시비가 끊어지지 않고 있다. 이로 인해 수행자들이 견성하면 더 이상 닦을 것이 없다는 그릇된 견해에 집착하거나 의심을 일으킬까 염려하여 여기에 바른 돈오돈수의 이치를 밝히고자 한다.

견성이 곧 돈오돈수라고 하는 분들이 많다.

그러나 견성이 곧 구경지인 성불이라면 돈오면 그만이지 돈수란 말은 왜 해놓았겠는가?

또한 오후보림(悟後保任)이라는 말은 무슨 말인가.

금강경에는 네 가지 상(我相, 人相, 衆生相, 壽者相)만 여의면 곧 중생이 아니라는 말이 수없이 되풀이되고 있다.

그런데 제구 일상무상분(第九 一相無相分)을 볼 때 다툼이 없는(곧 모든 상을 여읜) 삼매인(三昧人) 가운데 제일인 아라한도 구경지가 아니니 보살도를 닦아 등각을 거쳐야 구경성불인 묘각지에 이른다는 사실을 알 수 있다.

또한, 제이십삼 정심행선분(第二十三 淨心行善分)을 보면 부처님께서 "아도 없고, 인도 없고, 중생도 없고, 수자도 없는 가운데 모든 선법(善法)을 닦아야 곧 아뇩다라삼먁삼보리를 얻는다."라고 말씀하시고 있으니 이것은 다름이 아니라 견성한 후에 견성을 한 지혜로써 항상 체성을 여의지 않고, 남은 업을 모두 닦아 본래 갖춘 지혜덕상을 원만하게 회복시켜야 구경성불할 수 있다는 말씀이다.

그렇다면 어째서 돈수일까?

'돈'이란 시공이 설 수 없는 찰나요, '수'란 시간과 공간 속에서 닦는 것이다.

단박에 마친다면 '돈'이면 그만이고, 견성 이전이든 이후든 닦음이 있다면 '수'라고만 할 것이지 어째서 돈과 수가 함께 할 수 있을까? 그야말로 물의 차고 더움은 그 물을 마셔본 자만이 알듯이 깨달은 사람만이 알 것이다.

사무쳐 깨닫고 보니 시공이 서지 않아 이러-히 닦아도 닦음이 없으니 네 가지 상이 없는 가운데 모든 선법을 닦는 것이요, 단박에 깨달으니 색공(色空)이 설 수 없어 이러-한 경지에서 닦음 없이 닦으니 네 가지 상이 없는 가운데 모든 선법을 닦는 것이다.

이와 같이 깨달아서 깨달은 바 없고, 닦아서는 닦은 바 없이 닦아, 남음이 없는 구경지인 성불에 이르는 과정을 돈오돈수라 한다.

견성하면 마음 이외의 다른 물건이 없는 경지인데 어떻게 닦음이 있을 수 있는가 하고 의심하는 분들이 많다. 그러나 견성했다 해도 헤아릴 수 없는 겁 동안에 길들여온 업으로 인하여 경계를 대하면 깨달아 사무친 바와 늘 일치하지는 못한다.

그래서 견성한 지혜로써 항상 체성을 여의지 않고 억겁에 익혀온 업을 제거하고 지혜 덕상을 원만하게 회복시켜야 구경성불할 수 있다.

이것이 앞에서 밝혔듯 금강경에서 부처님께서 하신 말씀이요, 돈오돈수를 주창한 당사자인 육조 대사님께서 하신 말씀이다.

육조단경 돈황본 이십칠 상대법편과 이십팔 참됨과 거짓을 보면 육조 대사님께서 당신의 설법언하에 대오하고도 슬하에서 3, 40년간 보림한 십대 제자들을 모아놓고 말씀하신다.

"내가 떠난 뒤에 너희들은 각각 일방의 지도자가 될 것이다. 그러므로 내가 너희들에게 설법하는 것을 가르쳐서 근본종지를 잃지 않도록 해주리라. 나오고 들어감에 곧 양변을 여의도록 하라." 하시고 삼과(三科)의 법문과 삼십육대법(三十六對法)을 설하셨다.

뿐만 아니라 2, 3개월 후 다시 십대 제자들을 모아놓고 "8월이 되면 세상을 떠나고자 하니 너희들은 의심이 있거든 빨리 물어라. 내가 떠난 뒤에는 너희들을 가르쳐 줄 사람이 없다." 하시며 진가동정게(眞假動靜偈)를 설하시고 외워 가져 수행하여 종지를 잃지 않도록 하라고 거듭 당부를 하시고 있다.

이것을 보아서도 이 사람이 말한 돈오돈수와 육조 대사께서 말씀하신 돈오돈수가 같다는 것을 알 수 있을 것이다.

다시 한 번 밝히자면 돈오란 자신의 체성을 단박에 깨닫는 것이요, 돈수란 깨달은 체성의 지혜로써 닦음 없이 닦는 것으로 이것이 곧 오후 보림이며, 수행자들이 퇴전하지 않고 구경성불할 수 있는 바른 수행의 길이다.

다음은 전등록 제 9권에서 추출한 것이다.

"돈오(頓悟)한 사람도 닦아야 합니까?"

"만일 참되게 깨달아 근본을 얻으면 그대가 스스로 알게 될 것이니 닦는다, 닦지 않는다 하는 것은 두 가지의 말일 뿐이다. 처음으로 발심한 사람들이 비록 인연에 따라 한 생각에 본래의 이치를 단박에 깨달았으나 아직도 비롯함이 없는 여러 겁의 습기(習氣)는 단박에 없어지지 않으므로, 그것을 깨끗이 하기 위하여 현재의 업과 의식의 흐름을 차츰차츰 없애야 하나니 이것이 닦는 것이다. 그것에 따로이 수행하게 하는 법이 있다고 말하지 마라.

들음으로 진리에 들고, 진리를 듣고 묘함이 깊어지면 마음이 스스로 두렷이 밝아져서 미혹한 경지에 머무르지 않으리라. 비록 백천 가지 묘한 이치로써 당대를 휩쓴다 하여도 이는 자리에 앉아서 옷을 입었다가 다시 벗는 것으로써 살림을 삼는 것이니, 요약해서 말하면 실제 진리의 바탕에는 한 티끌도 받아들이지 않지만 만행을 닦는 부문에서는 한 법도 버리지 않느니라. 만일 깨달았다는 생각마저 단번에 자르면 범부니 성인이니 하는 생각이 다하여, 참되고 항상한 본체가 드러나 진리와 현실이 둘이 아니어서 여여한 부처이니라."

"무엇이 돈오(頓悟)이며, 무엇을 점수(漸修)라 합니까?"

"자기의 성품이 부처와 똑같다는 것은 단박에 깨달았으나 비롯함이 없는 옛적부터의 습관은 단박에 제거할 수 없으므로 차츰 물리쳐서 성품에 따라 작용을 일으켜야 하니, 마치 사람이 밥을 먹을 때에 첫술에 배가 부르지 않는 것과 같다."

간화선인가 묵조선인가

나에게 "당신의 지도는 간화입니까, 묵조입니까?"라고 묻는 이들이 있다. 나의 지도법에는 애당초부터 간화니 묵조니 하는 것이 없다. 가 없는 성품 자체로 일상을 지어가라는 말이 바로 그것을 대변해주고 있다. 묵조선과 간화선이 나뉜 것은 육조 대사 이후여서 육조 대사 당시까지만 해도 묵조선이니, 간화선이니 하여 나누지 않았다. 나는 육조 대사 당시의 법을 그대로 펴고 있는 것이다.

묵조선과 간화선은 원래 종파가 아니다. 지도받는 이의 근기에 따라 지도한 방편일 뿐이다. 들뜬 생각과 분별망상에서 이끌어내기 위한 방편으로 지도한 것이 묵조선이다. 그렇게 이끌어서 깨달아 사무치면 깨달아 사무친 경지가 일상이 되게끔 다시 이끌어 주어야 하는 것이다.

달마 대사를 묵조선이라고 하는데 중국에 오기 전 달마 대사가 육파외도(六派外道)를 조복시키는 대목을 보면 달마 대사가 묵조선이 아니라는 것이 역력히 드러난다.

다만 황제가 법문을 할 정도였던 그 시대의 교리 위주의 이론불교를 근본불교에 이르게 하기 위한 방편으로 "밖으로 반연하여 일으키는 모든 생각을 쉬고 안으로 구하는 마음마저 쉬어라."라고 가르친 것이다. 간화선도 마찬가지여서 화두라는 용광로에 일체 분별망상을 녹여 없앰으로써 밖으로 반연하여 일으키는 모든 생각을 쉬고, 안으로 구하는 마음마저 쉬게 하여 깨닫게끔 한 것이다.

즉 화두를 들어도 이런 경지에 이르러야 깨달을 수 있는 것이다. 오롯이 끊어지지 않게 화두를 들어서 오직 이러한 경지에 이르러 있다가 어떤 경계에 문득 부딪힘으로써 깨닫게 된다. 결국에는 화두인 모든 공안도리 역시 사무쳐 깨닫게 하기 위한 방편이다.

그러므로 수기설법(隨機說法)하고 응병여약(應病與藥)해야 한다. 나 역시 제자가 이러한 경지에 사무쳐 깨닫게끔 하지만, 이미 사무친 연후에는 가없는 성품 자체에 머물러 있으려고만 하지 말고, 그 경지에서 응하여 모자람 없도록 지어나가야 한다고 지도한다.

묵조나 일행삼매(一行三昧), 어느 쪽도 모든 이에게 정해 놓고 일정하게 주어서는 바른 지도가 될 수 없는 것이다. 내가 앉아서 선화할 때에는 오직 심외무물의 경지만 오롯하게끔 지으라고 지도하는 것은 어떻게 보면 묵조선이다. 그것이 가장 빨리 업을 녹이는 방법이기 때문에 그렇게 지도하는 것이다.

그러나 활동할 때는 가없는 성품 자체로 일상을 지어 가라고 지도했으니 이것은 곧 일행삼매에 이르도록 지도한 것이다. 안팎 없는 경지를 여의지 않는 것이 삼매이니, 일상생활 속에서 여의지 않는 가운데 보고 듣고, 보고 듣되 여의지 않는 그것이 일행삼매이다.

그렇다면 나는 한 사람에게 묵조선과 일행삼매를 다 가르치고 있는 것이 된다. 묵조선이라고 했지만 앉아서는 생사해탈을 위한 멸진정을 익히도록 하고, 그 외에는 다 일행삼매를 짓도록 지도하고 있는 것이어서 한편으로 멸진정을 익히는 가운데 조사선을 짓고 있는 것이다.

어떠한 약도 쓰이는 곳에 따라 좋은 약이 되기도 하고 사약이 되기도 한다. 스승이 진정 자유자재해서 제자가 머물러 있는 부분을 틔워주는 지도를 할 때 그것이 약이 되는 것이다.

그러므로 '나는 간화선만을 가르친다.' 그렇게 지도해서는 안 된다. 부처님께서도 수기설법하라 하셨다. 병을 치료해 주는 것이 약이듯 그 기틀에 맞게끔 설해 주는 것이 참 법이다.

무유정법(無有定法)이라 하지 않았는가. 그 사람의 바탕과 익힌 업력과 현재의 경지 등 모든 것을 참작해서 거기에 알맞게 베풀어 주어야 한다.

부처님의 경을 마가 설하면 마설이 되고, 마경을 부처님께서 설하시면 진리의 경전이 된다는 것도 바로 이런 데에서 하신 말씀이다.

어느 한 종에만 편승하면 안 된다. 우리는 이 속에 오종칠가(五宗七家)의 법을 다 수용해야 된다. 어느 한 법도 버릴 수 없다. 모든 근기에 알맞도록 설해 주고 이끌어 줄 수 있어야 하기 때문이다.

그래서 다만 응하여 모자람이 없이 병에 의하여 약을 줄 뿐, 정해진 법이 없어서 어느 한 법도 따로 취함이 없어야 하는 것이다.

육조 대사께 행창이 찾아와 부처님 열반경 중에서 유상(有常)과 무상(無常)을 가지고 물었을 때 행창이 무상이라 하면 육조 대사는 유상이라 하고, 행창이 유상이라 하면 육조 대사는 무상이라 했다. 왜냐하면 원래부터 무상이니 유상이니가 있을 수 없어서, 부처님께서는 다만 유상이라는 집착을 벗어나게 하기 위해 무상을 말씀하시고, 무상이라는 집착을 벗어나게 하기 위해 유상을 말씀하셨을 뿐이거늘, 행창은 열반경의 이 말씀에 묶여 있었기 때문이다.

육조 대사가 이러한 이치에 대해서 설하자 행창이 곧 깨닫고 오도송을 지어 바쳤다.

이렇게 수기설법할 때 불법이다. 수기설법하지 못하면 임제종보다 더한 것이라 해도 불법일 수 없다.

각각 사람의 근기가 다른데 어떻게 천편일률적인 방법으로 똑같이 교화할 수 있겠는가.

불교 종단은 깨달은 분에 의해 운영되어야 한다 

불교 정상의 지도자는 깨달아 일체종지를 이룬 분으로서, 어떤 이보다도 그 통달한 지혜와 덕과 복을 갖춤이 뛰어나고, 멀리 앞을 내다보는 안목을 지니고 있어야 한다. 그리고 불교 종단은 그분의 말이 법이 되어야 하고, 그분의 지시에 의해 운영되어야 한다.

당연하게 여겨져야 할 이 일이 새삼스러운 일로 여겨지는 것이야말로 크게 개탄해야 될 오늘날 불교계의 현실이다. 왜냐하면 이 일이 새삼스러워진 것만큼 부처님 당시의 법에서 그만큼 멀어졌다는 것을 의미하기 때문이다.

석가모니 부처님 생전에는 부처님 말씀 그대로가 법이었다. 그리고 부처님은 깨달음을 제1의 법으로 두셨다. 그렇기 때문에 부처님의 모든 법문을 가장 많이 알고 있는 다문제일 아난존자가 깨닫지 못했다는 이유로 부처님 열반 후, 제1차 경전 결집에 참여할 수 없었던 것이다.

이변인 법에 있어서 뿐만 아니라 사변인 승단의 행정에 있어서도 마찬가지였다. 계율을 정하고, 대중을 통솔하고, 승단을 운영하는 일까지 부처님께서 직접 지시하셨다.

모든 제자들은 부처님의 말씀을 따라 그 지시대로 한 마음, 한 뜻으로 부처님의 손발이 되었을 뿐이다. 부처님의 지시야말로 과거, 현재,

미래를 내다보는 안목의 가장 이상적인 행정이었기 때문이다.

우리나라 역시 근대에만 해도 깨달아 법력을 지닌 분이 종정을 지내셨을 때에는 그분의 말씀이 법이었고, 인가 받은 분들이 종회에 계실 때에는 그분들의 말씀을 받들어 종단의 행정이 운영되었다.

하동산 선사나 금오 선사, 효봉 선사 같은 분들이 종정이셨던 1950~60년대까지도 그러하였으니, 종정이 종단 전체의 주요 안건을 결정하는 결정권을 가지고 있었다.

종회 역시 혜암 스님, 금오 스님, 춘성 스님, 청담 스님 등 만공 선사 회상에서 인가 받은 분들이 종회에 계실 때에는 그분들의 뜻에 의거하여 종회 의원들이 승단의 일을 처리하였다.

그러므로 현재에 있어서도 만약 종회에 의해 종단이 운영되어야 한다면, 종회는 깨달아 보림한 분으로 구성되어야 한다. 그러한 종회라면 금상첨화여서 가장 훌륭한 불교 종단 운영이 될 것이다. 그러나 그것이 어려워서 깨달아 보림해서 일체종지를 통달한 분이 종정 한 분이라면, 그 한 분에 의해 모든 통솔이 이루어져야 한다. 만약 깨닫지 못한 분으로 이루어진 종회나 총무원에 의해 종단이 운영된다면, 십중팔구 그것은 진리가 아닌 세속적인 판단으로 흘러가기 때문이다.

이것은 불교 종단뿐만 아니라 한 절에 있어서도 마찬가지이다. 법이 가장 뛰어난 분으로 그 절의 운영이 이루어져야 바른 운영이 이루어진다. 그래서 선을 꽃피웠던 중국에서도 56조 석옥 청공 선사에 이르기까지 대대로 공부가 가장 많이 된 분인 조실이 주지를 겸하여 절 일을 보셨다.

조실과 주지가 다른 분이 아니었으니, 이판과 사판이 나눠어지지 않았다.

이판을 운용하는 것이 사판이기 때문에, 이판과 사판은 본래 나뉠 수 없는 것이다. 이판에 있어서 깨달은 분이어야 하는 것처럼, 사변을 운용하고 다스리는 사판에 있어서도 다를 수 없다고 본다.

일체유심조, 마음이 세계를 빚어내듯 모든 이치를 운용하는 지혜가 있어야 사변에 있어서도 자유자재의 운영이 가능하기 때문이다.

일체 모든 진리를 설한 경전과 일체 모든 실천규범을 정한 율로 이사일치의 수행을 현실화했던 석가모니 부처님, 무위도식하거나 말로만 떠드는 수행을 경계하여 '일일부작이면 일일불식하라'는 승가의 규율을 통해 일상 그대로인 선을 꽃피우고자 했던 백장 선사, 생생히 살아 숨쉬는 불법의 역사 어디에도 이판과 사판이 나뉘었던 적은 없었다.

불법은 이름 그대로 부처님의 법이다.

부처님 당시의 법이 오늘에 되살려져, 항상한 이치가 응하여 모자람 없는 다양한 방편으로 변주되어, 만인의 삶이 불법의 가피와 축복 속에 꽃피고 열매 맺을 수 있도록, 불교 종단의 운영은 반드시 깨달아 일체종지를 통달한 분에 의해 이루어져야 한다고 본다.

희비송(喜悲頌)

이름도 없고 상도 없는 일 없는 사람이
태평의 노래를 흥에 취해 불렀더니
때도 없고 끝도 없는 구제의 일이
대천세계에 충만히 펼쳐졌네

無名無相無事人
太平之歌唱興醉
無時無端救濟事
大千世界布充滿

정신송(正信頌)

이름도 없고 상도 없는 이 바탕인 몸이여
이 바탕을 깨달은 믿음이라야 이 바른 믿음이라
이와 같은 믿음이 없이는 마음이 나라 말라
눈 광명이 땅에 떨어질 때 한이 만단이나 되리라

無名無相是地體
悟地之信是正信
若無是信莫心我
眼光落地恨萬端

진심송(眞心頌)

이름도 없고 상도 없는 이 진공이여
공이라는 공은 공이라 함마저도 없는 이 참 바탕이라
이와 같은 바탕이라야 이 공인 몸이니
이와 같은 몸이 아니면 참다운 마음이 아니니라

無名無相是眞空
空空無空是眞地
如是之地是空體
如是非體非眞心

업신송(業身頌)

업의 몸이란 것은 고통의 근본이요
업의 마음이란 것은 환란의 근본이니라
업의 행이란 것은 다툼의 근본이요
업의 일이란 것은 허망의 근본이니라

業身乃苦痛之本
業心乃患亂之本
業行乃鬪爭之本
業事乃虛妄之本

보림송(保任頌) 1

업의 몸을 다스리는 데는 계행이 최상이요
업의 마음을 다스리는 데는 인내가 최상이니라
계행과 인내로 잘 다스리면 보림이 순조롭고
보림이 잘 이루어지면 구경에 이르느니라

治業身之戒最上
治業心之忍最上
善治戒忍順保任
善成保任至究竟

보림송(保任頌) 2

육신의 욕망은 하나까지라도 모두 버려야 하고
육신을 향한 생각은 남음이 없이 버려야 하느니라
이와 같이 보림하면 업이 중한 사람일지라도
당생에 반드시 구경지를 성취하리라

肉身欲望捨都一
肉身向思捨無餘
如是保任重業人
當生必成究竟地

공성본질송(空性本質頌) 1

무극인 빈 성품의 본래 몸은
언어나 마음과 행위로 표현 못 하나
모든 부처님과 만물이 이로 좇아 생겼으며
궁극에 일체가 돌아가 의지할 곳이니라

無極空性之本體
言語道斷滅心行
諸佛萬物從此生
窮極一切歸依處

공성본질송(空性本質頌) 2

혼연한 빈 바탕을 이름해서 무아라 하고
무아의 다른 이름이 이 무극이니라
유정 무정이 이로 좇아 생겼으며
궁극에 일체가 돌아가 의지할 곳이니라

渾然空地名無我
無我異名是無極
有情無情從此生
窮極一切歸依處

공성본질송(空性本質頌) 3

이러-히 밝게 사무친 것을 이름해서 견성이라 하고
이 바탕에 밝게 사무쳐야 바르게 깨달은 사람이니
도를 닦는 사람은 반드시 명심해서
각자 관조하여 그릇 깨달음이 없어야 하느니라

如是明徹名見性
是地明徹正悟人
修道之人必銘心
各者觀照無非悟

명정오송(明正悟頌)

밝지도 어둡지도 않은 곳을 향해서
그윽한 본래의 바탕에 합하여야
이것을 진실한 깨달음이라 하는 것이니
그렇지 않다면 바른 깨달음이 아니니라

向不明暗處
冥合本來地
此是眞實悟
不然非正悟

무아송(無我頌)

중생들이 말하는 무아라는 것은
변하고 달라지는 나를 말하는 것이요
깨달은 사람의 무아는
변하지 않는 나를 말하는 것이다

衆生之無我
變異之言我
悟人之無我
不變之言我

태시송(太始頌)

탐착한 묘한 광명에 합한 것이 상을 이루었고
상에 집착하여 사는데서 익힌 것이 모든 업을 이루었다
업을 인해서 만반상이 생겨 나왔으며
만상으로 해서 만반법이 생겨 나왔다

貪着妙光合成相
執相生習成諸業
因業生出萬般象
萬象生出萬般法

21세기에 인류가 해야 할 일

이 사람은 1962년 26세 때부터 21세기에 인류에게 닥칠 공해문제, 에너지문제를 예견하고 대체에너지(무한원동기, 태양력, 파력, 풍력 등) 개발과 '울 안의 농법'을 연구하고 그 필요성을 많은 이들에게 이야기해 왔습니다.

당시에는 너무 시대를 앞서가는 이야기여서인지 일반인들이 수용하지 못하고 오히려 불신의 눈으로 바라보며 이 사람의 법마저 의심하였습니다. 하지만 현대에 있어서는 이것이 인류가 해결해야 할 가장 절박한 사안이 되어 있습니다.

'사막화방지 국제연대'를 설립한 것도 현재 인류가 해결해야 할 가장 절박한 지구환경문제를 이슈화시키고 그 해결책을 제시하여 재앙에 직면한 지구촌을 살리기 위해서입니다.

'사막화방지 국제연대'에서 추진하고 있는 사막화 방지, 지구 초원화, 대체에너지 개발은 온 인류가 발 벗고 나서서 해야 할 일입니다.

첫 번째 사막화 방지에 있어서 기존에 해왔던 '나무심기 사업'은 천문학적인 예산과 많은 인력을 동원하고도 극도로 황폐한 사막화된 환경을 되살리는 데 실패하였습니다.

그래서 이 사람은 사막화 방지에 있어서는 '사막 해수로 사업'을 새로운 방안으로 제시하였습니다.

사막 해수로 사업은 사막화된 지역에 수도관을 매설하여 바닷물을 끌어들여서 염분에 강한 식물을 중심으로 자연생태계를 복원하는 사업입니다.

이것은 나무심기 사업으로 심은 나무들이 절대적으로 물이 부족하여 생존할 수 없었던 문제를 해결할 수 있는, 현재로서는 유일한 해결책입니다.

그러나 '사막화방지 국제연대'의 목적은 사막이 확장되는 것을 방지하자는 것이지 사막 전체를 완전히 없애자는 것은 아닙니다. 인체에서 심장이 모든 피를 전신의 구석구석까지 골고루 보내어 살아서 활동하게 하듯이 사막은 오히려 지구의 심장 역할을 하는 중요한 곳이기 때문입니다.

그래서 21세기에 있어서는 다만 사막의 확장을 방지할 뿐 아니라 사막을 어떻게 운용하느냐를 연구해야 합니다.

사막에 바둑판처럼 사방이 막힌 플륨관 수로를 설치하여 동, 서, 남, 북 어느 방향의 수로를 얼마만큼 채우느냐 비우느냐에 따라, 사막으로부터 사방 어느 방향으로든 거리까지 조절하여, 원하는 지역에 비를 내리게 하고 그치게 할 수 있습니다. 철저히 과학적인 데이터에 의해 이렇게 사막을 운용함으로써 21세기의 지구를 풍요로운 낙원시대로 만들어가야 합니다.

두 번째로 지구를 초원화할 수 있는 방안으로 3년간의 실험을 통해, 광활한 황무지 지역을 큰 비용을 들이거나 많은 인력을 동원하지 않고도 짧은 시간 내에 초지로 바꿀 수 있는 식물을 찾아냈습니다.

그것은 바로 '돌나물'입니다. 돌나물은 따로 종자를 심을 필요가 없이 헬리콥터나 비행기로 살포해도 생존, 번식할 수 있으며, 추위와 더위, 황폐한 땅에서도 살아남을 수 있는 생명력과 번식력이 강한 식물입니다.

지구환경을 되살리는 초지조성 사업에 있어서 이것이 큰 도움이 되리라 생각합니다.

세 번째의 대체에너지 개발에 있어서는 태양력, 파력, 풍력 등 1962년도부터 이 사람이 연구하고 얘기해왔던 방법들이 이미 많이 개발되어 실용화한 단계에 있습니다.

이 세 가지 일은 한 개인이나 한 국가가 할 수 있는 일이 아닙니다. 모든 국가가 앞장서서 전세계적인 사업으로 이루어져야 합니다. 모든 국가가 함께 하는 기금조성이 이루어져야 하고 기금조성에 참여한 국가는 이 시스템에 의한 전면적인 혜택을 입을 수 있도록 해야 합니다.

인류 모두가 지혜를 모아 이 일에 전력을 다한다면 인류는 유사 이래 가장 좋은 시절을 맞이하게 될 것이며, 만약 이 일을 남의 일인 양 외면한다면 극한의 재앙을 면할 수 없을 것입니다.

이 사람이 오래 전부터 얘기해왔던 '울 안의 농법'은 이미 미국 라스베이거스(Las Vegas)에서 30층짜리 '고층 빌딩 농장'으로 구현되었습니다. 그렇게 크게도 운영될 수 있지만 각자 자신의 집에서 이루어지는 '울 안의 농법'도 필요합니다.

21세기에 있어서 또 하나 인류가 만일의 사태를 대비해서 연구, 추진해야 될 일이 있다면 바닷속에서의 수중생활, 수중경작입니다.

지구 온난화가 심화될 경우, 공기가 너무 많이 오염될 경우, 바닷물이 높아져 살 땅이 좁아질 경우 등에 대비할 때, 인류는 우주에서의 삶보다는 바닷속에서의 삶을 준비해야 합니다. 왜냐하면 그것이 훨씬 수월하고 비용도 절감할 수 있기 때문입니다.

이렇게 깨달은 이는 이변적으로는 깨달음을 얻게 하여 영생불멸의 삶을 영위할 수 있도록 만인을 이끌어야 하며 사변적으로는 일반인이 예측할 수 없는 백 년, 천 년 앞을 내다보아 이를 미리 앞서 대비하도록 만인의 삶을 이끌어줘야 한다고 생각합니다.

불법의 뜻은 다만 진리 전수에만 있는 것이 아니니, 만인이 서로 함께 영원한 극락을 누릴 때까지 물심양면으로, 이사일여로 베풀어 교화해야 하기 때문입니다.

가슴으로 부르는 불심의 노래

여기에 실린 가사는 모두 농선 대원 선사님께서 직접 작사하신 것이다. 수행의 길로 들어서게끔 신심, 발심을 북돋아주는 가사로부터 수행의 길로 접어든 이의 구도의 몸부림이 담겨있는 가사, 대승의 원력을 발해서 교화하는 보살의 자비심과 함께 낙원세계를 누리는 풍류를 그려놓은 가사까지 한마디, 한마디가 생생하여 그 뜻이 뼛속 깊이 새겨지고 그 멋에 흠뻑 취하게 된다. 농선 대원 선사님께서는 거칠고 말초적인 요즘의 노래를 듣고 이러한 정서를 순화시키고자, 또한 수행의 마음을 진작시키고자 하는 뜻에서 이 가사들을 쓰셨다.

그래야지

1.
마음으로 물질로써
갖가지로 베푸는 것
생활화한 국민되어
이뤄내는 국가되세
그래야지 그래야지
얼씨구나 좀 더 좋다

그런 이웃 그런 나라
이뤄내서 사노라면
모든 나라 따르리니
그리되면 지상낙원
그래야지 그래야지
얼씨구나 좀 더 좋다

별중의 별 될 것이니
선조의 뜻 이룸이라
후손으로 할 일 해낸
자부심이 치솟누나
그래야지 그래야지
얼씨구나 좀 더 좋다

얼씨구야 절씨구야
좀 더 좋고 좀 더 좋다
얼씨구야 절씨구야
좀 더 좋고 좀 더 좋다

아리랑 아리랑 아라리요
아리랑 고개를 넘어간다

2.
그래야지 그래야지
혼자 삶이 아닌 세상
웬만하면 넘어가는
아량으로 살아가세
그래야지 그래야지
얼씨구나 좀 더 좋다

부딪히면 틀어져서
소통의 길 막히나니
그러므로 눈 감아줘
참는 것이 상책일세
그래야지 그래야지
얼씨구나 좀 더 좋다

걸린 생각 비워내서
한결같이 사노라면
복이되어 돌아옴을
실감할 날 있을 걸세
그래야지 그래야지
좀 더 좋고 좀 더 좋다

얼씨구야 절씨구야
좀 더 좋고 좀 더 좋다
얼씨구야 절씨구야
좀 더 좋고 좀 더 좋다

아리랑 아리랑 아라리요
아리랑 고개를 넘어간다

마음

1.
시작도 없는 마음
끝남도 없는 마음

온통으로 드러나
언제나 같이 있어

어떤 것도 가릴 수
전혀 없는 그 마음

고고하고 당당한
영원한 마음일세

아리랑 아리랑 아라리요
아리랑 고개를 넘어간다
청천 하늘에 잔별도 많고
요내 가슴에는 희망도 많다

2.
모두를 마음으로
시도를 뭐든 해봐

안되는 일 없어서
사는 데 불편없고

하고프면 하면 돼
뜻 펼치는 삶이니

즐겁고도 즐거운
누리는 삶이로세

아리랑 아리랑 아라리요
아리랑 고개를 넘어간다
청천 하늘에 잔별도 많고
요내 가슴에는 희망도 많다

사는게 아리랑 고개

1.
이 마음이 내가 되니
나고 죽음 본래 없고
이리 보고 저리 봐도
허공까지 내 몸일세
신기하고 신기하다
신기하고 신기해

이 마음이 내가 되니
안 되는 일 전혀 없어
잡된 생각 사라지고
두려움도 없어졌네
신기하고 신기하다
신기하고 신기해

이 마음이 내가 되니
끝이 없이 자유롭고
잠 못 이룬 괴로움과
공황장애 흔적 없네
신기하고 신기하다
신기하고 신기해

아리랑 아리랑
아라리요
아리랑 고개를 넘어왔다

2.
이 마음이 내가 되니
맘 먹은 일 순조롭고
살아가는 나날들이
마음광명 누림일세
신기하고 신기하다
신기하고 신기해

이 마음이 내가 되니
마음광명 누림이라
나날들이 평화롭고
자신감이 넘쳐나네
신기하고 신기하다
신기하고 신기해

이 마음이 내가 되니
대인관계 순조로와
일일마다 즐거웁고
웃음꽃이 피어나네
신기하고 신기하다
신기하고 신기해

아리랑 아리랑
아라리요
아리랑 고개를 넘어왔다

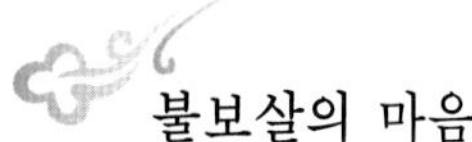

불보살의 마음

1.
자비, 그 자비는 눈물이었네
불나방이 불을 쫓듯 가는 이
그래도 못 잊어서 버리지 못해
저리는 저리는 가슴, 그 가슴 안고서
눈물, 피눈물로 저리 부르네

2.
자비, 그 자비는 눈물이었네
제 살 길을 저버리는 이들을
그래도 못 잊어서 버리지 못해
저리는 저리는 가슴, 그 가슴 안고서
눈물, 피눈물로 저리 부르네

나의 노래

1.
노세 노세 봄놀이하세
대천세계 이 봄 경치
한산 습득 친구 삼아
호연지기 즐겨볼까
얼씨구나 절씨구
아니나 즐기고 무엇하리

2.
노세 노세 봄놀이하세
걸음 쫓아 이른 곳곳
문수 보현 벗을 삼아
화엄광장 춤춰볼까
얼씨구나 절씨구
아니나 즐기고 무엇하리

그리운 님

환갑 진갑 다 지난 삶 살다보니
석양 노을 바라보다 텅 빈 가슴
외로움에 철이 드나 생각나는
님이시여 이 몸마저 자유롭지
못한 괴롬 닥쳐서야 님의 말씀
들려오는 철없던 삶 후회하며
외쳐 찾는 님이시여 지는 해를
붙들고서 맘이 나된 삶으로써
나고 죽는 모든 고통 없는 삶을
누리라는 그 말씀이 빛이 되어
외쳐지는 님이시여 이제라도
실천 실행 하오리다 이끌어만
주옵소서 님이시여 내 님이여

도서출판 문젠(Moonzen Press)의 책들

출간 도서

바로보인 전등록 전 5권
바로보인 무문관
바로보인 벽암록
바로보인 천부경 · 교화경 · 치화경
바로보인 금강경
세월을 북채로 세상을 북삼아
영원한 현실
바로보인 신심명
바로보인 환단고기 전 5권
바로보인 선문염송 전 30권
앞뜰에 국화꽃 곱고 북산에 첫눈 희다
바로보인 증도가
바로보인 반야심경
선을 묻는 그대에게 1 · 2
바로보인 선가귀감
바로보인 법융선사 심명
주머니 속의 심경
바로보인 법성게
달다 -전강 대선사 법어집
기우목동가
초발심자경문
방거사어록
실증설
하택신회대사 현종기
불조정맥 - 한 · 영 · 중 3개국어판
바른 불자가 됩시다
누구나 궁금한 33가지
108진참회문 - 한 · 영 · 중 3개국어판
달마의 일할도 허락지 않는다
마음대로 앉아 죽고 서서 죽고
화두 3개국어판 - 한 · 영 · 중
바로보인 간당론
완전한 우리말 불공예식법
바로보인 유마경
실증설 5개국어판 - 한 · 영 · 불 · 서 · 중
누구나 궁금한 33가지 3개국어판 - 한 · 영 · 중
달마의 일할도 허락지 않는다 3개국어판 - 한 · 영 · 중
법성게 3개국어판 - 한 · 영 · 중
정법의 원류
바로보인 도가귀감
바로보인 유가귀감
화엄경 81권
바로보인 전등록 전 30권

출간예정 도서

바로보인 능엄경 제6권
바로보인 원각경
바로보인 육조단경
바로보인 대전화상주 심경
바로보인 위앙록
해동전등록 전 10권
말 밖의 말
언어의 향기
농선 대원 선사 선송집
진리와 과학의 만남
바로보인 5대 종교
금강경 야부송과 대원선사 토끼뿔
선재동자 참알 오십삼선지식
경봉선사 혜암선사 법을 들어 설하다
십현담 주해
불교대전
태고보우선사 어록

1. 바로보인 전등록 (전30권을 5권으로)

7불과 역대 조사의 말씀이 1,700공안으로 집대성되어 있는 선종 최고의 고전으로, 깨달음의 정수가 살아 숨쉬도록 새롭게 번역되었다.
464, 464, 472, 448, 432쪽.
각권 18,000원

2. 바로보인 무문관

황룡 무문 혜개 선사가 저술한 공안집으로 전등록, 선문염송, 벽암록 등과 함께 손꼽히는 선문의 명저이다. 본칙 48개와 무문 선사의 평창과 송, 여기에 역저자인 대원선사의 도움말과 시송으로 생명과 같은 선문의 진수를 맛보여 주고 있다.
272쪽. 12,000원

3. 바로보인 벽암록

설두 선사의 설두송고를 원오 극근 선사가 수행자에게 제창한 것이 벽암록이다.
이 책은 본칙과 설두 선사의 송, 대원선사의 도움말과 시송으로 이루어져, 벽암록을 오늘에 맞게 바로 보이고 있다.
456쪽. 15,000원

4. 바로보인 천부경

우리 민족 최고(最古)의 경전 천부경을 깨달음의 책으로 새롭게 바로 보였다. 이 책에는 81권의 화엄경을 81자에 함축한 듯한 천부경과, 교화경, 치화경의 내용이 함께 담겨 있으며, 역저자인 대원선사가 도움말, 토끼뿔, 거북털 등으로 손쉽게 닦아 증득하는 문을 열어 놓고 있다.
432쪽. 15,000원

5. 바로보인 금강경

대원선사의 『바로보인 금강경』은 국내 최초로 독창적인 과목을 내어 부처님과 수보리 존자의 대화 이면의 숨은 뜻을 드러내고, 자문과 시송으로 본문의 핵심을 꿰뚫어 밝혀, 금강경 전체를 손바닥 안의 겨자씨를 보듯 설파하고 있다.
488쪽. 15,000원

6. 세월을 북채로 세상을 북삼아

대원선사의 선시가 담긴 선시화집 『세월을 북채로 세상을 북삼아』는 선과 시와 그림이 정상에서 만나 어우러진 한바탕이다.
선의 세계를 누리는 불가사의한 일상의 노래, 법열의 환희로 취한 어깨춤과 같은 선시가 생생하고 눈부시게 내면의 소리로 흐른다.
180쪽. 15,000원

7. 영원한 현실

애매모호한 구석이 없이 밝고 명쾌하여, 너무도 분명함에 오히려 그 깊이를 헤아리기 어려운, 대원선사의 주옥같은 법문을 모아 놓은 법문집이다.
400쪽. 15,000원

8. 바로보인 신심명

신심명은 양끝을 들어 양끝을 쓸어버리는, 40대치법으로 이루어진, 3조 승찬 대사의 게송이다. 이를 대원선사가 바로 번역하는 것은 물론, 주해, 게송, 법문을 더해 통쾌하게 회통하고 자유자재 농한 것이 이 『바로보인 신심명』이다.
296쪽. 10,000원

9. 바로보인 환단고기 (전5권)

『바로보인 환단고기』 1권은 민족정신의 정수인 환단고기의 진리를 총정리하여 출간하였다. 2권에는 역사총론과 태초에서 배달국까지 역사가 실려 있으며, 3권은 단군조선, 4권은 북부여에서부터 고려까지의 역사가 실려 있다. 5권에는 역사를 증명하는 부록과 함께 환단고기 원문을 실었다. 344 · 368 · 264 · 352 · 344쪽. 각권 12,000원

10. 바로보인 선문염송 (전30권)

선문염송은 세계최대의 공안집이다. 전 공안을 망라하다 시피 했기에 불조의 법 쓰는 바를 손바닥 들여다보듯 하지 않고는 제대로 번역할 수 없다. 대원선사는 전 공안을 바로 참구할 수 있게끔 번역하고 각 칙마다 일러보였다. 352 368 344 352 360 360 400 440 376 392 384 428 410 380 368 434 400 404 406 440 424 460 472 456 504 528 488 488 480 512쪽. 각권 15,000원

11. 앞뜰에 국화꽃 곱고 북산에 첫눈 희다

대원선사의 선문답집으로 전강 · 경봉 · 숭산 · 묵산 선사와의 명쾌한 문답을 실었으며, 중앙일보의 〈한국불교의 큰스님 선문답〉 열 분의 기사와 기자의 질문에 대한 대원선사의 별답을 함께 실었다.
200쪽. 5,000원

12. 바로보인 증도가

선종사에 사라지지 않을 발자취로 남은 영가 선사의 증도가를 대원선사가 번역하고 법문과 송을 더하였다.
자비의 방편인 증도가의 말씀을 하나하나 쳐가는 선사의 일갈이야말로 영가 선사의 본 의중과 일치하여 부합하는 것이라 아니할 수 없다.
376쪽. 10,000원

13. 바로보인 반야심경

이 시대의 야부(冶父)선사, 대원선사가 최초로 반야심경에 과목을 붙여 반야심경 내면에 흐르는 뜻을 밀밀하게 밝혀놓고 거침없는 송으로 들어보였다.
264쪽. 10,000원

14. 선(禪)을 묻는 그대에게 (전10권 중 2권)

대원선사의 선수행에 대한 문답집.
깨달아 사무친 경지에 대한 밀밀한 점검과, 오후보림에 대한 구체적인 수행법 제시와, 최초의 무명과 우주생성의 원리까지 낱낱이 설한 법문이 담겨 있다.
280쪽, 272쪽. 각권 15,000원

15. 바로보인 선가귀감

선가귀감은 깨닫고 닦아가는 비법이 고스란히 전수되어 있는 선가의 거울이라 할 만하다. 더욱이 바로보인 선가귀감은 매 소절마다 대원선사의 시송이 화살을 과녁에 적중시키듯 역대 조사와 서산대사의 의중을 꿰뚫어 보석처럼 빛나고 있다.
352쪽. 15,000원

16. 바로보인 법융선사 심명

심명 99절의 한 소절, 한 소절이 이름 그대로 마음에 새겨두어야 할 자비광명들이다.
이 심명은 언어와 문자이면서 언어와 문자를 초월한 일상을 영위하게 하는 주옥같은 법문이다.
278쪽. 12,000원

17. 주머니 속의 심경

반야심경은 부처님이 설하신 경 중에서도 절제된 경으로 으뜸가는 경이다. 대원선사의 선송(禪頌)도 그 뜻을 따라 간략하나 선의 풍미를 한껏 담고 있다. 하루에 한 소절씩을 읽고 참구한다면 선 수행의 지름길이 될 것이다.

84쪽. 5,000원

18. 바로보인 법성게

법성게는 한마디로 화엄경의 핵심부를 온통 휜출히 드러내놓은 게송이다. 짧은 글 속에 일체의 법을 이렇게 통렬하게 담아놓은 법문도 드물 것이다.
이렇게 함축된 법성게 법문을 대원선사가 속속들이 밀밀하게 설해놓았다.

176쪽. 10,000원

19. 달다 - 전강 대선사 법어집

이제는 전설이 된 한국 근대선의 거목인 전강 선사님의 최상승법과 예리한 지혜, 선기로 넘쳤던 삶이 생생하게 담겨 있는 전강 대선사 법어집 〈달다〉!
전강 대선사님의 인가 제자인 대원선사가 전강 대선사님의 법거량과 법문, 일화를 재조명하여 보였다.

368쪽. 15,000원

20. 기우목동가

그 뜻이 심오하여 번역하기 어려웠던 말계 지은 선사의 기우목동가!
대원선사가 바른 뜻이 드러나도록 번역하고, 간결한 결문과 주옥같은 선송으로 다시 보였다.

146쪽. 10,000원

21. 초발심자경문

이 초발심자경문은 한문을 새기는 힘인 문리를 터득하게 하기 위하여 일부러 의역하지 않고 직역하였다.
대원선사의 살아있는 수행지침도 실려 있다.
266쪽. 10,000원

22. 방거사어록

방거사어록은 선의 일상, 선의 누림을 보여주는 대표적인 선문이다. 역저자인 대원선사는 방거사어록의 문답을 '본연의 바탕에서 꽃피우는 일상의 함'이라 말하고 있다. 법의 흔적마저 없는 문답의 경지를 온전하게 드러내 놓은 번역과, 방거사와 호흡을 함께 하는 듯한 '토끼뿔'이 실려 있다.
306쪽. 15,000원

23. 실증설

이 책은 대원선사가 2010년 2월 14일 구정을 맞이하여 불자들에게 불법의 참뜻을 보이기 위해 홀연히 펜을 들어 일시에 써내려간 법문을 모태로 하였다. 실증한 이가 아니고는 설파할 수 없는 성품의 이치를 자문자답과 사제간의 문답을 통해 1, 2, 3부로 나눠 실증하여 보이고 있다.
224쪽. 10,000원

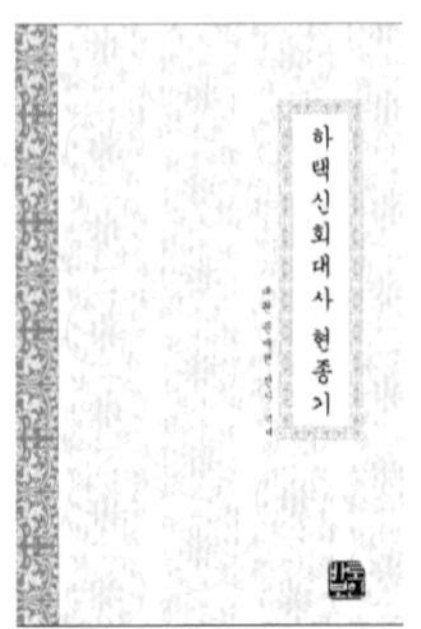

24. 하택신회대사 현종기

육조대사의 법이 중국천하에 우뚝하도록 한 장본인, 하택신회대사의 현종기. 세간에 지해종도(知解宗徒)로 알려져 있는 편견을 불식시키는 뛰어난 깨달음의 경지가 여기에 담겨있다. 대원선사가 하택신회대사의 실경지를 드러내고 바로보임으로써 빛냈다.
232쪽. 10,000원

25. 불조정맥 - 韓 · 英 · 中 3개국어판

석가모니불로부터 현 78대에 이르기까지 불조정맥진영(佛祖正脈眞影)과 정맥전법게(正脈傳法偈)를 온전하게 갖춘 최초의 불조정맥서. 대원선사가 다년간 수집, 정리하여 기도와 관조 끝에 완성한 『불조정맥』을 3개국어로 완역하였다.
216쪽. 20,000원

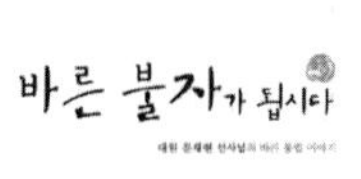

26. 바른 불자가 됩시다

참된 발심을 하여 바른 신앙, 바른 수행을 하고자 해도, 그 기준을 알지 못해 방황하는 불자님들을 위해 불법의 바른 길잡이 역할을 하도록 대원선사가 집필하여 출간하였다.
162쪽. 10,000원

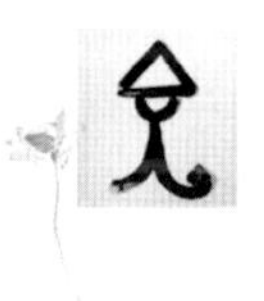

27. 누구나 궁금한 33가지

21세기의 인류를 위해 모든 이들이 가장 어렵고 궁금해 하는 문제, 삶과 죽음, 종교와 진리에 대한 바른 지표를 제시하고자 대원선사가 집필하여 출간하였다.
180쪽. 10,000원

28. 108진참회문 - 韓 · 英 · 中 3개국어판

전생의 모든 악연들이 사라져 장애가 없어지고, 소망하는 삶을 살게 하기 위해 대원선사가 10계를 위주로 구성한 108 항목의 참회문이다. 한 대목마다 1배를 하여 108배를 실천할 것을 권한다.
170쪽. 15,000원

29. 달마의 일할도 허락지 않는다

대원선사의 짧고 명쾌한 법문집.
책을 잡는 순간 달마의 일할도 허락지 않는 선기와 맞닥뜨리게 될 것이다. 때로는 하늘을 찌를 듯한 기세와, 때로는 흔적 없는 공기와도 같은 향기를 일별하기를…
190쪽. 10,000원

30. 마음대로 앉아 죽고 서서 죽고

생사를 자재한 분들의 앉아서 열반하고 서서 열반한 내력은 물론 그분들의 생애와 법까지 일목요연하게 수록해놓았다.
446쪽. 15,000원

31. 화두 3개국어판 - 韓 · 英 · 中

『화두』는 대원선사의 평생 선문답의 결정판이다. 생생하게 살아있는 선(禪)을 한 · 영 · 중 3개국어로 만날 수 있다. 특히 대원선사의 짧은 일대기가 실려 있어 그 선풍을 음미하는 데에 큰 도움을 주고 있다.
440쪽. 15,000원

32. 바로보인 간당론

법문하는 이가 법리를 모르고 주장자를 치는 것을 눈먼 주장자라 한다. 법좌에 올라 주장자 쓰는 이들을 위해서 대원선사가 간당론에서 선리(禪理)만을 취하여 『바로보인 간당론』을 출간하였다.
218쪽. 20,000원

33. 완전한 우리말 불공예식법

부처님께 공양을 올리고 불보살님의 가피를 구하는 예법 등을 총칭하여 불공예식법이라 한다. 대원선사가 이러한 불공예식의 본뜻을 살려서 완전한 우리말본 불공예식법을 출간하였다.
456쪽. 38,000원

34. 바로보인 유마경

유마경은 불법의 최정점을 찍는 경전이라 할 것이니, 불보살님이 교화하는 경지에서의 깨달음의 실경과 신통자재한 방편행을 보여주는 최상승 경전이다. 대원선사가 〈대원선사 토끼뿔〉로 이 유마경에 걸맞는 최상승법을 이 시대에 다시금 드날렸다.
568쪽. 20,000원

35. 실증설
5개국어판 - 韓·英·佛·西·中

대원선사가 불법의 참뜻을 보이기 위해 홀연히 펜을 들어 일시에 써내려간 실증설! 실증한 이가 아니고는 설파할 수 없는 도리로 가득한 이 책이 드디어 영어, 불어, 스페인어, 중국어를 더하여 5개국어로 편찬되었다.
860쪽. 25,000원

36. 누구나 궁금한 33가지
3개국어판 - 韓·英·中

누구라도 풀어야 할 숙제인 33가지의 의문에 대한 답을 21세기의 현대인에게 맞는 비유와 언어로 되살린 『누구나 궁금한 33가지』가 한글, 영어, 중국어 3개국어로 출간되었다.
408쪽. 15,000원

37. 달마의 일할도 허락지 않는다 3개국어판 - 韓 · 英 · 中

대원선사의 짧고 명쾌한 법문집인 『달마의 일할도 허락지 않는다』가 한글, 영어, 중국어 3개국어로 출간되었다. 전세계에서 유일하게 활선의 가풍이 이어지고 있는 한국, 그 가운데에서도 불조의 정맥을 이은 대원선사가 살활자재한 법문을 세계로 전하고 있는 책이다.
308쪽. 15,000원

38. 화엄경 (전81권)

대원선사는 선문염송 30권, 전등록 30권을 모두 역해하여 세계 최초로 1,463칙 전 공안에 착어하였다. 이러한 안목으로 대천세계를 손바닥의 겨자씨 들여다보듯 하신 불보살님들의 지혜와 신통으로 누리는 불가사의한 화엄세계를 열어 보였다.
220쪽. 각권 15,000원

39. 법성게 3개국어판 - 韓 · 英 · 中

법성게는 한마디로 화엄경의 핵심부를 휜출히 드러내놓은 게송으로 짧은 글 속에 일체 법을 고스란히 담아 놓았다. 대원선사의 통쾌한 법성게 법문이 한영중 3개국어로 출간되었다.
376쪽. 15,000원

40. 정법의 원류

『정법의 원류』는 불조정맥을 이은 정맥선원의 소개서이다. 정맥선원은 불조정맥 제77조 조계종 전강 대선사의 인가 제자인 대원 전법선사가 주재하는 도량이다. 『정법의 원류』를 통해 정맥선원 대원선사의 정맥을 이은 법과 지도방편을 만날 수 있다.
444쪽. 20,000원

41. 바로보인 도가귀감

도가귀감은, 온통인 마음〔一物〕을 밝혀 회복함으로써, 생사를 비롯한 모든 아픔과 고를 여의어, 뜻과 같이 누려서 살게 하고자 한 도교의 뜻을, 서산대사가 밝혀놓은 책이다. 대원선사가 부록으로 도덕경의 중대한 대목을 더하고, 그 대목대목마다 결문(決文)하였다.
218쪽. 12,000원

42. 바로보인 유가귀감

유가귀감은 서산대사가 간추려놓은 구절로서, 간결하지만 심오하기 그지없으니, 간략한 구절 속에서 유교사상을 미루어볼 수 있게 하였다. 대원선사가 그 뜻이 잘 드러나게 번역하고 그 대목대목마다 결문(決文)하였다.
236쪽. 15,000원

43. 바로보인 전등록 (전30권)

7불로부터 52세대까지 1,701명 선지식의 깨달음의 진수가 담긴 전등록 30권에 농선 대원 선사가 선리(禪理)의 토끼뿔을 더해 닦아 증득하는데 도움이 되도록 하였다.
288쪽. 각권 15,000원